改憲的護憲論

松竹伸幸
Matsutake Nobuyuki

a pilot of wisdom

目次

はじめに

憲法九条をめぐって改憲か護憲かが日本政治の焦点の一つとなったこの十数年来、私は自分の立ち位置をどう表現したらいいのか、ずっと悩んできました。護憲派であることは疑っていないのですが、自分の周りの護憲派を見てみると、どうも違和感があります。同じではない部分が少なくないのです。そしてある日、「改憲的護憲」という言葉が頭に浮かんだ瞬間、これこそピッタリくると感じたのです。

これとは言葉の順序が反対の「護憲的改憲」という立場は、時として使われます。憲法前文と九条の平和主義を評価しつつも、いまの文面のままでは不都合なことがあるので、平和主義の精神を継承、発展させるかたちで最小限の改憲を容認する立場と定義できるでしょうか。

一方、「改憲的護憲」というのは、ほとんど聞いたことがありません。とりあえず自分流に、改憲論に共感することも多々あるし、憲法九条には文面として不都合なことがあるのは認めるけれど、結論としていまの文面のままで行くことを選択しようという立場としておきましょう。

改憲か護憲かというのは大事な争点だと思います。その結果は、もしかしたら日本の針路に大きく影響するかもしれません。しかし、このどちらかしか選べないとしたら、ずいぶん窮屈というか不幸な気がします。改憲派と護憲派はよく議論していけば理解し合える部分、共通する部分があるのに、結論が正反対であるために、敵と味方みたいな関係になってしまいがちだからです。

改憲問題が議論されはじめた一〇年ほど前でしょうか、NHKの討論番組でこの問題が取り上げられていました。それを聞いていて、改憲派の主張にも耳を傾けるべきだと感じました。護憲派は改憲論に対して、「日本を戦争する国にするものだ」みたいな批判を浴びせることがありますが、その討論の場には、そんなことを主張する改憲派は一人もいませんでした。改憲の根拠としてあげられていたのは、「どの国にも自衛権はあるのだから、それを明記してもいいではないか」、「自衛隊を否定するような憲法では、国を守るために命を賭す自衛官の誇りが傷つく」、「自衛権が憲法で制約されているので、いつまで経《た》ってもアメリカから自立できない」等々でした。改憲派も護憲派と同様、日本の平和と独立のことを真剣に考え、自分の主張を組み立てていると感じました。

もちろん、護憲派には、そういう改憲派の考え方ではダメだという理屈があるのです。しかし、日本が自衛権を有していることも、自衛官を貶《おとし》めてはいけないことも、対米従属の状態から脱すべきことも、それぞれ大事なことです。少なくとも私は共感できます。改憲をめざす安倍首相を嫌う護憲派の気持ちは理解できないことではありませんが、それと真面目に改憲を考えている人を同列において批判するようでは、味方を増やすことはできません。改憲か護憲かを議論する際には、改憲派を敵だとみなすのではなく、共感をベースにして話し合うべきだと思うのです。議論の結果、お互いを憎しみ合って別れるのではなく、理解が深まったことをたたえ合って再会を期すような議論の仕方をしたいのです。

本書は、そういう見地に立って、運動論（第一章）、政策論（第二章）、実践論（第三章）の角度から問題を論じています。終章は結果として護憲を選ぶ際に護憲派に求められる課題です。最後に補論として、自衛隊は合憲か違憲かという戦後日本で論争になってきた問題に、実際に自衛隊違憲裁判で下された判決例をふまえ、新しい角度からアプローチしています。本書で取り上げているテーマはさまざまですが、共通する問題意識となっているのは、護憲派には日本防衛の問題をわが事として捉える覚悟が求められているということです。

さて、ここまで改憲派とか護憲派という言葉を定義もせずに使ってきました。けれども、護憲派とはどんな人のことを指すのかということも、時代とともに変化してきましたし、簡単ではないのです。第一章はそこから入っていきましょう。

第一章　護憲派とはどういう人のことか

1　非武装の改憲派、専守防衛の護憲派の登場

護憲派とはどういう人のことを指すのでしょうか。逆に、改憲派はどう定義されるのでしょうか。

自衛隊を否定するための改憲論!?

その答えは簡単なように思えます。改憲か護憲かという問いにどういう態度をとるかで決まるという常識的な回答が用意されているからです。そして、その二つを分けるメルクマール（指標）は、自衛隊の捉え方が肯定的か否定的かというところにある――少なくな

い人がそう思っているのではないでしょうか。

しかし、現実はそう簡単ではありません。最近、この問題をめぐって私が一番驚いたのは、憲法施行七〇周年を迎えた二〇一七年五月、NHKが公表した世論調査の設問と回答を見たときでした。

この調査は、憲法九条を「改正する必要があると思う」人が二五パーセントと、前回二〇〇二年の調査時より五パーセント減り、逆に「改正する必要はないと思う」人が五七パーセントと逆に五パーセント増えて注目されたものです。私がびっくりしたのはそこではなく、改正する必要があると思う理由にかんする設問のなかに、思わぬものが含まれていたからでした。

普通、九条改憲に賛成だと言えば、その理由としてあげられるのは「自衛隊を明記すべきだ」など、自衛隊の役割を明確化させることでしょう。実際、この調査でも、「自衛力を持てることを憲法にはっきりと書くべきだから」、「国連の平和維持活動（PKO）などに、より積極的に貢献すべきだから」、「海外で武力行使ができるようにすべきだから」などが設問としてあげられ、それぞれ五七パーセント、二四パーセント、七パーセントの回答者が選んでいます。

ところが、今回の設問のなかには、「自衛隊も含めた軍事力を放棄することを明確にすべきだから」というものがあったのです。そして、それを選んだ人が八パーセントもいたのです。

この意味がすぐに頭に入ってくるでしょうか。これを選んだ人びとは、現行九条が戦力の不保持を決めているのに、自衛隊がいつまでも存在し続けていることに不満を持っているわけです。その上で、自衛隊を保持できないようにするためには、九条を変えて保持できないと明記する以外に方法がないという見地に到達した人たちだということです。

従来から、自衛隊を絶対に認めたくないという人は存在していましたが、それらの人は自分のことを護憲派と自覚していたはずです。ところが、自衛隊を完全に否定する立場からの改憲論が存在することが明らかになったわけですから、私にとっては衝撃的な出来事でした。

国民世論の現実が変化したことの反映

九条と自衛隊の共存があまりにも長きにわたって続いたことが、こうした国民意識を生み出した背景にあることは容易に見てとれます。自衛隊を否定する人びとは、「改正する必要があると思う」という二五パーセントの人びとのうちの八パーセントですから、国民全体では二パーセントに過ぎません。しかし、「海外で武力行使ができるようにすべきだから」の七パーセントよりは多いのですから、無視できる数とは言えません。

このような選択肢がどうやって決まるのか、私はよく知りません。NHKのこの調査は、いま主流の電話調査ではなく、面接調査です。それも数千名を相手にして二週間ほどかけて実施される本格的なものであることが特徴です。一九七四年に第一回目が行われ、一九九二年、二〇〇二年と続き、今回が四回目でした。

こういうやり方の調査の場合、推測でしかありませんが、回答者が適切な選択肢がないと答えた場合、どんな設問だったら選択するのかを質問者は尋ねるのではないでしょうか。そして、同じような回答の人が一定数に達したと判断すれば、次回の調査に活《い》かされるのだと思われます。ということは、ある回答が新たな選択肢になるということは、そう考える人が増えてきたという現実の変化をあらわしているのでしょう。

そこで、NHKがいつからこの設問を立てたのか、過去にさかのぼって調べてみました。さすがに第一回目の一九七四年には、この選択肢はありませんでした。しかし、一九九二年の調査ではすでに同じ選択肢があらわれており、二〇〇二年にも引き継がれて、今回の調査となっていることが分かりました。NHKは九〇年代の初頭にはこの選択肢が必要な現実を理解していたわけです。世論の動向に敏感なのがメディアには欠かせないことだとはいえ、さすがNHKと褒めておきたいと思います。これほど早い時期にそういう現実が生まれていたことの意味は、あとでまとめて論じることにします。

防衛論、憲法論で護憲派にも大きな違いがある

同じような変化が護憲派にも生まれていることを指摘しておきます。同じ「派」に属するからといって考え方を共有しているわけではないという現状は、改憲派だけにあらわれている現象ではないのです。

二〇一七年一月のことですが、市民セクター政策機構が発行している雑誌「季刊　社会運動」（第四二五号）が、「護憲派による『新九条』論争」と題する特集を組みました。「護憲派による」と題されているように、筆者五人は全員が護憲派と位置づけられていますが、自衛隊に対する態度も憲法に対する態度も、筆者によって大きく異なることが特徴です。

この特集はもともと、確固とした護憲派だった想田和弘氏が、集団的自衛権の行使を可能にする新安保法制の成立を受け、日本が専守防衛の原則から決定的に逸脱したことにより、憲法九条は「権力を縛る拘束力を失って」しまい「ほぼ死文化」したとして、「新九条」を主張したことがきっかけとなって組まれたものです。想田氏は、憲法のなかに自衛隊を位置づけるとともに、その活動範囲を日本列島に限定し、海外派遣の禁止を書き込むことを提唱したのでした。海外で武力行使をするという類いの改憲論とは真逆ではあっても、自衛隊を憲法に位置づけるという種類の改憲論との親和性は否定できず、改憲をいとわない護憲派の誕生だと言えるでしょう。

他の四人の論者のうち、今井一氏と伊藤真氏は、専守防衛の自衛隊であっても違憲だという立場です（これは想田氏も同様で、だからこそ新九条でそこを認めようというのです）。他方、杉田敦氏と辻元《つじもと》清美氏は、いずれも専守防衛の自衛隊は合憲だとみなしています。自衛隊の廃止という主張はしていません。つまり、自衛隊が違憲か合憲かという論じ方をすると、この五人は三対二という比率に分かれるのです。

一方、日本が侵略されたらどうするかという論じ方ではどうなのか。九条を変えるか変えないかを捨象して言えば、想田、今井、杉田、辻元の四氏は専守防衛の自衛隊で反撃するという立場です（今井氏は新九条を認める国民投票も不可欠だという立場）。

一人、伊藤氏のみが、「武力によらない国防」を提唱しています。自衛隊は廃止するという立場であり、侵略に際して自衛隊で反撃するという言い方はしていません。しかし、その伊藤氏も、「今すぐ自衛隊をなくすことは非現実的です」とした上で、「現在の政府解釈で個別的自衛権は認められている」、「日本を守るために必要であれば現状でなんでもできます」と述べています。侵略された際、現在の憲法解釈を維持する政府が自衛隊で反撃するとしたら、それに反対するというほどのものではないのかもしれません（侵略されるのは現実にはあり得ないという立場なので、そういう想定を前提とした質問には答えないのかもしれません）。

いずれにせよ、安全保障政策という角度では、専守防衛の自衛隊を認める人が多数です。一方、憲法論の角度で見ると、違憲論は多めだけれど、その違憲論者であっても多くは自衛隊の廃止を望むのではなく、自衛隊が合憲になるようにしたいと考えているということです。自衛隊は違憲だから廃止せよというのが従来の護憲派だったはずなのですが、そういう護憲派はほとんどいないというのです。

専守防衛の自衛隊を認める圧倒的国民世論の形成

たった五人だけを分析しても国民全体の動向を判断する基準にならないという人もいるでしょう。しかも学者や知識人ばかりです。しかし、国民全体を見ると、いま指摘した傾向はさらに顕著になってきます。

まず、専守防衛の自衛隊を支持する世論は、年を追うごとに増えています。内閣府が三年に一度、「自衛隊・防衛問題に関する世論調査」を実施していますので、それを見てみましょう。

このなかに、「自衛隊の防衛力」を国民がどう見ているかという設問があります。「今の程度でよい」、「増強した方がよい」、「縮小した方がよい」という三つの選択肢をあげて答えを求めているのです。

冷戦崩壊直後の一九九一年、自衛隊を「縮小した方がよい」という人は二〇パーセントいましたが、どんどん減り続けて、最新の調査（二〇一五年）では四・六パーセントと八割近くも減りました。一方、一九九一年には「今の程度でよい」（六二・一パーセント）と「増強した方がよい」（七・七パーセント）は合計で六九・八パーセントでしたが、最新の調査では、それぞれ五九・二パーセント、二九・九パーセント、合計で八九・一パーセントにまでなっています。

つまり、この二〇年間で自衛隊の現状維持（と強化）を認める世論は二〇パーセント程度増加して約九割にも達し、ほとんど国民合意になっているということです。政府の調査だから設問が誘導的なのではないかと感じる人がいるかもしれませんが、ずっとほぼ同じ設問で同じ時期（三年おきの一月または二月）に調査しているわけですから、そういうことではないでしょう。ここまで来れば、自衛隊への認知度向上は「法則的」と言えるように思えます。

自衛隊を認める国民が多いのは災害出動する自衛隊を見ているからで、軍事組織としては別の見方をしているのではないかという人がいます。この内閣府の調査では、「自衛隊が存在する目的」は何だと思うかという設問がありますので、それを見てみましょう。

それに対する答えとして一番多いのは、最新の調査でたしかに「災害派遣（災害の時の救援活動や緊急の患者輸送など）」であって、八一・九パーセントにもなっています。しかし、「国の安全の確保（周辺海空域における安全確保、島嶼《とうしょ》部に対する攻撃への対応など）」をあげた人も次に多くて、七四・三パーセントに達しています。この選択肢は前回までは、「国の安全の確保（外国からの侵略の防止）」（傍点は引用者）と分かりやすいものになっていて、前回は七八・六パーセントに達していたことも紹介しておきましょう（前回の「災害派遣」は八二・九パーセントと過去最高だったのですが、実施が二〇一二年で3・11の翌年だったことも影響しているでしょう）。いずれにせよ、国民の八割前後は、自衛隊の存在意義を災害派遣と専守防衛の双方から認めているということです。

専守防衛を認める世論が同時に九条も認めている

しかも特徴的だと思われるのは、専守防衛の自衛隊を認める圧倒的多数の国民が、同時に憲法九条を守りたいと考えてきたことです。先ほど紹介したＮＨＫ調査の「改正する必要はないと思う」が五七パーセントもいるという数字がそれを物語っています。従来型の常識では、護憲を選ぶ人は、自衛隊にかんして何らかの否定的な感情を持っていると思われてきましたが、そうではないのです。

では、護憲派は何を考えて護憲を選んでいるのか。同じＮＨＫ調査で、「改正する必要はないと思う」と答えた人が、どんな理由を選択肢としてあげているかを見てみます。以下の四つがあげられています。

•「平和憲法としての最も大事な条文だから」（五八パーセント）
•「海外での武力行使の歯止めがなくなるから」（二二パーセント）
•「改正しなくても憲法解釈の変更で対応できるから」（一一パーセント）
•「アジア各国などとの国際関係を損なうから」（五パーセント）

お分かりでしょうか。そもそも選択肢のなかに、「非武装の日本をめざすべきだから」というものがないのです。改憲の選択肢には「自衛隊を含めた軍事力の放棄」があるのに、護憲の選択肢には存在しないのです。「平和憲法としての最も大事な条文だから」に含まれるのかもしれませんが、改憲を選んだ非武装派のように、「非武装が明確でないと選択肢にならない」というほどの強い気持ちは護憲派にはないから、こうなるのだと思います。先ほどの内閣府の調査にあるように、そもそも自衛隊の縮小（廃止ではない）を求める人が四・六パーセントしかいないのですから、そのなかで「廃止」を真剣に望む人の多くは改憲派に回っているというのが現実ではないでしょうか。

なお、つけ加えて言えば、国民世論の多数は自衛隊合憲派です。二〇一五年七月にFNNが行った世論調査によれば、合憲派は五九パーセントを占めていました。違憲派が二六・五パーセント、わからない・どちらともいえないが一四・五パーセントですが、これらの人も、違憲だからといって自衛隊を廃止・縮小せよという立場でないことは、これまで参照してきた他の調査結果からも明白です。憲法のなかに明確に位置づけよという立場だということになるのでしょう。

改憲派と護憲派を分ける基準は大きく変化した

ＮＨＫが捉えた新しい現実は、まさにここにあります。憲法問題に深くかかわっている人びとのなかには、改憲派と言えば自衛隊を認める人で、護憲派というのはそれを否定する人という常識——ここまで来れば「思い込み」と言ったほうがいいでしょう——がありますが、それはもはや国民のなかでは通用していないのです。憲法と安全保障をめぐる国民世論の現状を整理すれば、以下のようになります。

非武装の日本を真剣に求める人びとは、いまや完全に少数派です。数パーセント程度（「数」というのは二、三から五、六程度を指すそうです）のなかでも低いほうに位置し、しかもそれが改憲派と護憲派に分かれています。改憲してでも非武装という急進派に比べ、護憲派のなかの非武装派の多くは、自衛隊廃止を現実味を持って望んでいるわけではなく、あくまで将来の理想という位置づけでしょう。

一方、海外で戦争する日本をめざす人びともいます。当然、全員が改憲派ですが、国民のなかでは二パーセント未満に過ぎません。

こうして現在、安全保障政策という角度から見ると、国民の九割は専守防衛派なのです。そのなかである人びとは護憲を選び、別の人びとは改憲を選んでいるということです。まだ改憲か護憲かを決めていない人も多いでしょう。しかしいずれにせよ、国民の多数は日本の防衛政策として専守防衛を支持しており、憲法の文面のなかにその趣旨を書き込むかどうかについてだけ、決定的に意見が分かれているということです。

護憲派からは改憲派に対して、「改憲したら海外で戦争する国になるぞ」という批判が寄せられます。逆に改憲派は護憲派を、「武力を否定するのはお花畑だ」と揶揄《やゆ》します。しかし、そんなことを考えている人は、改憲派にも護憲派にもほとんどいないのですから、そのような批判を聞いても、誰も自分のことを言われていると思えないでしょう。そういう対立構図を描いて議論を進めても地に足のついたものになりません。

今後、この問題が政治の焦点になっていくわけですが、改憲派も護憲派も、この現実に向き合わなければなりません。圧倒的多数の専守防衛派が改憲に向かうか、それとも護憲を選ぶかで、憲法改正をめぐる闘いの決着がつくということです。専守防衛派の心をつかめるかどうかで、この闘いの帰趨《きすう》は決まるということです。

2　専守防衛か非武装中立かの対立は見せかけ

これまで述べた国民世論の現状を深く捉えるためには、過去からの変化の意味とその背景を深くつかむことが求められます。そのため、少し歴史をさかのぼります。

専守防衛派とは改憲派の代名詞だった

「専守防衛派は護憲派の敵だった」と言うと、現在の感覚からすれば違和感があるかもしれません。しかし、戦後の長い間、専守防衛派というのは、護憲派にとって敵のなかの敵、最大の敵でした。専守防衛派こそ改憲派の代表だとみなされていたからです。そのことが、現在でも専守防衛派に対する護憲派の複雑な感情を生み出し、護憲派が専守防衛派の心をつかむことを困難にしているので、事情を説明しておきます。

日本国憲法が成立した当初、この憲法九条のもとでは自衛権さえ否定されているということは、国民のなかでも政治の世界でも常識に属することでした。よく引用されることですが、憲法制定議会（一九四六年）で吉田茂総理は、次のように述べて自衛権（国家防衛権）を否定したのです。

「近年の戦争は多くは国家防衛権の名に於て行はれたることは顕著なる事実であります、故に正当防衛権を認むることが偶々戦争を誘発する所以《ゆえん》であると思ふのであります」

この吉田答弁は、これも有名なことですが、日本共産党（以下共産党）の野坂参三議員の追及に対する反論でした。野坂が九条にかんして、「戦争一般抛棄《ほうき》と云ふ形でなしに、我々は之《これ》を侵略戦争の抛棄、斯《そ》うするのがもつと的確ではないか」と、いわば侵略戦争は放棄すべきだが自衛戦争は肯定するという立場から質問したのに対して、吉田は、自衛権を認めれば戦争を誘発するとして、自衛権は認められないという立場を表明したのです。

この憲法は、賛成四二一、反対八（共産党の六を含む）で可決されました。九条は自衛権を否定していること、したがってそのための自衛組織などは持たないことを、国会の総意で確認したと言えるでしょう。

しかし、転機はすぐに訪れます。朝鮮戦争（一九五〇年）を背景にアメリカが日本再軍備の方針を決め、日本に押しつけてきたのです。それが警察予備隊（一九五〇年）、保安隊（一九五二年）、自衛隊（一九五四年）に結実していくことは、誰もが知っていることです。

自衛権の否定から肯定へと転換した論理

憲法制定議会において現行憲法では自衛権が認められないと確認されたわけですから、自衛隊を創設していく過程では、憲法の改正が必要だという議論が当然のこととして生まれます。自衛隊発足の翌年（一九五五年）に結成された自民党が綱領で「自主憲法制定」を掲げたのは、こうした流れにおいてのことです。

しかし、憲法改正には衆参両院で三分の二の賛成が必要であり、その困難さを前にして、実際には明文改憲が政治の課題とはならない状況が続きます。一方、自衛隊はどんどん強化されていく。そのなかで苦肉の策として考え出されたのが「解釈改憲」でした。

とはいえ、数年前まで否定していた自衛権を今度は肯定するわけで、解釈を変えるといっても、そう簡単なことではありません。いろいろな変遷を経るのですが、最終的にたどり着いたのは、現在も「防衛白書」などで紹介されている次のような見解でした。

「平和主義の理想を掲げる日本国憲法は、第九条に戦争放棄、戦力不保持、交戦権の否認に関する規定を置いている。もとより、わが国が独立国である以上、この規定は、主権国家としての固有の自衛権を否定するものではない。政府は、このようにわが国の自衛権が否定されない以上、その行使を裏づける自衛のための必要最小限度の実力を保持することは、憲法上認められると解している。このような考えに立ち、わが国は、憲法のもと、専守防衛をわが国の防衛の基本的な方針として実力組織としての自衛隊を保持し、その整備を推進し、運用を図ってきている」

政府自民党が着目したのは、憲法九条においては「自衛権」という用語が使われていないことでした。「戦争放棄、戦力不保持、交戦権の否認」は規定されているが、自衛権を否定する明文はない。一方、独立国なら自衛権を保有しているのは当然である。それなら日本国憲法も自衛権を否定していないと解釈できるし、自衛権を担保する実力組織も合憲だと言えるということでした。

専守防衛と非武装中立の対立の開始

とはいえ、それだけでとどまるのだったら、「戦争放棄、戦力不保持、交戦権の否認」の規定には何の意味もないことになります。そこで、実力組織が認められるといっても、それは自衛のための「必要最小限度」の範囲だとされます。そして、「必要最小限度」だから「個別的自衛権」だけが認められ、その考え方を防衛政策として表現すると、「専守防衛」になるということになったのです（専守防衛が確立する過程については補論第3節）。なお、第二次安倍内閣によって再び解釈改憲が試みられ、集団的自衛権の一部が容認されたのは記憶に新しいところです。

これに対して猛反発したのが護憲派です。憲法九条のどこをどう読んでも、実力組織が認められるような解釈はあり得ない。必要最小限度であっても実力組織を認めないのが憲法九条だ。だから自衛隊は憲法違反だし、専守防衛というのも言葉は穏やかだが、違憲の自衛隊を認めさせるための屁理屈であって、九条にふさわしい防衛政策は非武装中立しかないという立場を明確にしたのです。

こうして戦後の日本では、自衛隊違憲論に立ち非武装中立を唱える護憲派と、自衛隊合憲論に立ち専守防衛を唱える改憲派（解釈改憲派）が、真っ向から対立する構図が生まれました。専守防衛派が護憲派にとって主敵と位置づけられた事情がご理解いただけると思います。共産党のように、この二つの流れから距離を置く「中立自衛」という考え方もありましたが、少数にとどまりました（第三章で論じます）。

この対立構造は長く続くことになります。いまの若い人びとには想像もできないでしょうが、戦後の日本では、非武装中立の考え方がそれなりに大きな位置を占めていました。かつて日本社会党（以下社会党、現在の社民党の前身）という政党があり、自衛隊違憲論と非武装中立を堂々と掲げ、国会で三分の一程度の議席を有する時代が一九九〇年代初頭まで続いていたのです。

「専守防衛は一億玉砕」という石橋政嗣《まさし》の批判

社会党の非武装中立の考え方は徹底したものでした。社会党内でも六〇年代前半までは安全保障について多様な考え方が存在していたようですが、石橋政嗣氏が六〇年代半ばから非武装中立を唱え、社会党内をまとめていったのです。石橋氏は一九八〇年、その主張をまとめて『非武装中立論』（日本社会党中央本部機関紙局）を著します。

この本で石橋氏はまず、「周囲を海に囲まれた日本は、自らが紛争の原因をつくらない限り、他国から侵略されるおそれはない」として、日本には非武装でやっていける条件があるとみなしました。逆に、「安保条約の存在を除けば、他国の侵略を招くような要因は何もない」と述べ、安保こそが「紛争の原因」になるのであって、だからこそ中立国家になるべきことを主張します。

そうはいっても、石橋は、「もし攻めてくる国があったら『降伏』せよというのかと、さらに執拗《しつよう》に迫ってくる人たちがいる」ことを否定できません。それに対する石橋の回答は、「誤解を恐れず、思いきって『降伏した方がよい場合だってあるのではないか』ということ」です。そしてその場合も「軍事力によらない、種々の抵抗を試みる」のは当然であるとして、「デモ、ハンストから、種々のボイコット、非協力、ゼネストに至る広範な」手段をあげています。

石橋氏は、そういうやり方のほうが、日本側の犠牲は少なくて済むという立場です。他方、専守防衛は「一億玉砕」の壊滅的な犠牲を生み出すと主張します。

「日本が本当に専守防衛に徹するというのであれば、これからの戦争は一〇〇パーセント、われわれの国土のなかで行なわれるのであり、したがって自衛隊員だけの戦闘などというものは全くあり得ないということです。だとすれば徴兵制がよいか悪いか、必要かどうかなどという議論は、ばかばかしい限りではありませんか。徴兵制があろうとなかろうと国民皆兵、まさに本土決戦、一億玉砕の決意なしに、軍事力による防衛などなりたたないことを思い知るべきです」

専守防衛という考え方は、基本的に領土、領海、領空を守ることに中心的な要素があり、海外に出動しないことで国民の支持を得ているのです。ところが、日本の領域にとどまることを「一億玉砕」として批判するわけですから、専守防衛に対する敵視がどれほどのものであったか分かるでしょう。

この石橋氏が、本を著して三年後の一九八三年に社会党委員長となり、一九八六年まで務めることになります。その一事をもってしても、戦後に生まれた非武装中立と専守防衛の対立構造というものが、長く、深いものであったことが理解できるでしょう。

六〇年代から専守防衛が多数派だった

しかし、社会党が国会で大きな勢力を占めていたからといって、国民もその割合で非武装中立を求めていたわけではありません。たとえば、社会党が華やかなりし一九七五年一

○月に実施された「自衛隊・防衛問題に関する世論調査」（内閣府大臣官房政府広報室）を見ると、自衛隊は「あった方がよい」が七九・六パーセントと大多数を占め、「なくてもよい」の七・八パーセントを圧倒しています。

七〇年代だけではありません。一九六五年と一九六六年の二回にわたって、憲法学者の小林直樹ら非武装中立を願う学者らが、日本人の憲法意識を探るため、六〇〇〇名規模の全国調査を実施しましたが、その結果も同じでした（小林直樹編『日本人の憲法意識』東京大学出版会、一九六八年）。

さすがに、自衛隊が憲法違反かという問いに対しては、六五年調査で合憲が三〇パーセント、違憲が二五・二パーセントと拮抗《きっこう》しています（どちらともいえないが二一・四パーセント）。翌年の調査でもあまり変化はありません。

一方、自衛隊の必要性について見ると、六五年調査では「必要だと思う」が五九・八パーセントにも達しています。これが翌年の調査では七一・四パーセントに急増し、「自衛隊は一年毎《ごと》に国民に支持される傾向にあることはたしか」と結論づけられています。自衛隊が必要だという国民の意識は、社会党の伸長とはかかわりなく、一貫して定着してきたと言えるでしょう。

国民多数がそうだっただけではありません。小林らの六六年の調査では政党支持者別の考え方も明らかになっていますが、驚くべきことに、非武装中立を掲げる社会党支持者の多くが自衛隊の必要性を認めていたのです。社会党支持者で自衛隊を「憲法違反だと思う」と答えたのは二八パーセントで、さすがに「違反していない」の一四パーセントの倍はあります。しかし、共産党支持者ではそれぞれ七八パーセント、五パーセントだったので、まずその落差に驚かされます。さらに、自衛隊の必要性では、社会党支持者の五八・四パーセントが必要派で（不要派は二六・五パーセント）、共産党支持者の二一・四パーセント（六八・七パーセント）と好対照でした。調査の結果として、以下のようなことが述べられています。小林らの嘆きが伝わってきます。

「革新派の『平和主義』とくに社会党のそれが、いかに民衆の底辺にまで行きとどいていないか」、「（共産党支持者）にくらべて政治の知識でも感覚でも判断力でも、ひどく見劣りがした」

それなのになぜ、社会党が当時それほど支持されたのか。支持政党を決めるのに防衛問題だけで判断しないという点を考慮せずに言えば、一つには、国民が理念と現実の使い分けをしていたということだと思います。自衛隊を廃止することは現実政治ではあり得ないと認識していたけれども、九条の理念は大事だと考えていたということです。社会党が政権をとるほどの議席を有することができなかったのは、理念は理念のままであることが望ましく、現実のものになっては困ると国民が判断していたからでしょう。

一方では、非武装中立という考え方が、米ソ冷戦時においてはそれなりに現実味を持って受けとめられていたという背景もあると思います。冷戦が実際の戦争になってしまうときは、お互いを滅ぼし合うほどの核戦争になることが想定されており、多少の軍備を持っていても役に立たないという現実がありました。それなら、米ソから中立を保ち、軍備も持たないでおこうというのは、空想的だと切って捨てるには惜しい考え方だったということです。

社会党にとっても非武装中立は遠い先の理念だった

社会党支持者の考え方は「柔軟」でしたが、じつは社会党自身も、専守防衛の政策をあれほど批判しながら、政権をとったらすぐに非武装中立を実現できるとは考えてはいませんでした。石橋氏の『非武装中立論』も、自衛隊については、「最低つぎの四つの条件を勘案しながら、これを漸減」するという方針でした。

四つというのは、第一に「政権の安定度」、第二に「隊員の掌握度」、そして第三が「平和中立外交の進展度」です。そして、平和中立外交の進展度が高まり、「各国とくに近隣の国々との友好関係がどこまで確立したか、そのような進展状況を勘案しながら、縮小に手をつける必要がある」というものでした。その上で、以上の「三つの条件が充たされるなかで、われわれは、はじめて第四の条件である、国民世論の支持をも得ることができる」としました。

では、どの時点で非武装中立が実現するのか。それを具体的に述べるのは、以下のように「現実的ではない」とされたのです。

「四つの条件を勘案しながら縮減に努めるという以上、何年後にはどの程度、何年後にはゼロというように、機械的に進める案をつくるということは、明らかに矛盾することであるばかりか、それこそ現実的ではない」

ということになると、社会党政権のもとでも、かなりの期間、違憲の自衛隊を保持することになります。政権に責任を負う政党というのは、立憲主義を確固として守ることが求められるのであって、みずからが憲法違反を犯しているなどとは、口が裂けても言ってはならない立場にあります（心のなかでそう思っていたとしてもです）。自衛隊を違憲だとみなすなら、ある程度の期間が必要であっても、「何カ年計画」のようなかたちであっても、廃止に向かう措置はすぐに提示することが求められます。

しかし、そういう措置はとらないというのですから、ここで社会党の混迷がはじまるのです。委員長となった石橋氏が「自衛隊＝違憲合法論」を唱えるに至ったのには、このような背景がありました。けれども、違憲の立法を合法だと言えるのかという議論も起こり、「違憲・法的存在」と言い直してみたり、混迷は続くばかりでした。そして結局、社会党の村山富市氏が総理大臣になった際、社会党は自衛隊合憲論へと転換したのでした。憲法尊重義務を誰よりも負っている総理大臣が、憲法違反の行為をみずから放置するなど、あり得ないことです。自衛隊を当面ではあれ維持することと、自衛隊を憲法違反とみなすことは、政権政党にとっては両立しなかったのです。

専守防衛と非武装中立の対立は理念上の問題

以上のことから何が明らかになるのか。ずっと長い間、憲法問題の対立構造というのは、自衛隊違憲論にもとづく非武装中立という考え方と、自衛隊合憲論にもとづく専守防衛という考え方の対立だと思われていましたが、そうではなかったということです。挑発的な言い方をすると、この対立軸は「見せかけ」のものだったということです。

見せかけというのが言い過ぎだとしても、少なくとも国民のなかでは現実の対立軸ではありませんでした。国民の多数は早い時期から自衛隊と専守防衛を支持していたのです。非武装中立を現実の政策として支持する国民は一握りでした。世論調査などで九条を変えたくないと答えた人びとも、自衛隊を廃止するという考えを持っていたわけではないのです。

もちろん、現実の対立軸ではなくても、理念の面では対立軸として存在していたとは思います。護憲派は専守防衛であっても自衛隊を否定する人びとで、改憲派は専守防衛の自衛隊を肯定する人びとだという見方が、現在でも我々の頭脳に刻み込まれているのは、理念上のものであっても（あるからこそ）、人間の意識には強い影響を与えるからでしょう。

私が『憲法九条の軍事戦略』（平凡社新書、二〇一三年）という本を書いたとき、担当の編集者に言われたことがあります。「自分は改憲か護憲かを選ぶとすると、護憲を選ぶと思う。だが、自分のことを護憲派だと呼ばれると、『いや違う』と答える」と。

そうなのです。人は問われるから、「改憲」や「護憲」を選びます。しかし、「護憲」を選ぶことと「護憲派」になることの間には、大きな溝があるのです。「護憲派」とは、現在においてなお、自衛隊を否定的に捉えている人だと思われています。そして、国民の圧倒的多数は自衛隊を肯定的に捉えていて、廃止するなど露ほども思っていないわけですから、たとえ「護憲」を選ぶような人であっても、自分のことを「護憲派」と呼ばれると違和感を覚えるのです。見せかけの対立構造は、人びとの意識にまだ大きな影響を与えているということです。

集団的自衛権の容認で対立構図は変わる

とはいっても、この対立構造は、二一世紀になって崩れつつあります。実態としては早くから崩れていたけれども、見せかけとしても通用しない時代になってきています。

その政治的な背景として存在するのは、日本の防衛政策としての専守防衛というものが、次第に姿を消しつつあることです。そもそも専守防衛というのは、日本が武力攻撃を受けたときにのみ、自衛隊が自衛のために反撃するという考え方です。国連憲章で言うところの個別的自衛権の発動です。しかし、第二次安倍内閣によって、集団的自衛権の一部を容認する閣議決定が行われ、関連する新安保法制も成立しました。

集団的自衛権容認への動きは、二〇〇一年、首相になった小泉純一郎氏のもとで開始されました。就任直後の最初の記者会見（四月二七日）で、小泉氏は、「もし、日本近海で、日米が一緒に共同訓練なり共同活動をして、その時に、（中略）米軍が攻撃を受けた場合に、日本が何もしないということは果たして本当にそんなことができるんだろうか」、「（集団的自衛権の）今の解釈を尊重するけれども、今後、あらゆる事態について研究してみる必要がある」と発言し、研究がはじまったのです。

しかも、その小泉氏は、二〇〇三年のイラク戦争に際して、アメリカ支持をいち早く表明するとともに、陸上自衛隊と航空自衛隊をイラクに派遣することになります。自衛隊の海外派遣は、九〇年代に国連ＰＫＯへの参加として開始されましたが、停戦合意を受けて紛争当事者の同意を得て行われる中立的な活動とみなされ（現在のＰＫＯはそういうものと異なりますが）、多くの国民は支持しました。二〇〇一年の同時多発テロを受け、アメリカがアフガニスタンを空爆すると、日本は海上自衛隊を派遣して支援しましたが、９・11で惨害を受けたアメリカへの同情も強く、戦地から遠く離れた洋上派遣であったこともあり、大きな問題にはなりませんでした。

しかし、イラク戦争は、アメリカが攻撃を受けて開始されたものではありませんでした。陸上自衛隊が派遣される場所も、イラク内では比較的平穏だとはいえ、安全だとは言い切れないところでした。航空自衛隊は武装した米兵も運ぶとされ、武力行使と一体化するのではと議論になりました。

この新しい事態を受けて、「護憲派」の定義が変わるような動きが生まれました。それまでの専守防衛派が護憲派を名乗って登場することになったのです。

自民党による憲法訴訟を野党が支援する構図の誕生

箕輪《みのわ》登（故人）という人をご存じでしょうか。自民党の衆議院議員を八期二三年務めた方で、防衛政務次官、衆議院安全保障特別委員会委員長を歴任するなど、国防族、タカ派として知られた方です。選挙区も、自衛隊の駐屯地のある札幌市・小樽市を中心とする旧北海道一区でした。一九九〇年、六六歳で後進に道を譲って引退し、悠々自適の隠居生活を送っておられました。

その箕輪氏が、二〇〇三年一二月一八日、札幌弁護士会を訪ねてきます。自衛隊のイラク派遣は憲法に違反するので裁判で訴えたいと相談するためでした。翌日の一九日に航空自衛隊の先遣隊に対する派遣命令が、翌年一月九日に陸上自衛隊の先遣隊に対するそれが、それぞれ発出されることが決まっていました。

実際に札幌地方裁判所に提訴されたのは二〇〇四年一月二八日。原告団長は当然、箕輪氏です。自民党の元衆議院議員が、しかもタカ派の国防族だった人が裁判を起こした衝撃は大きく、全国で同様の自衛隊イラク派遣違憲訴訟裁判がはじまります。結局、全国の一一地方裁判所で一二訴訟が開始され、原告数は五六〇〇名以上、代理人弁護士が八〇〇名を超え、戦後最大の憲法訴訟となっていくのです。

札幌の裁判では、原告に民主党、共産党、社民党の元国会議員も加わります。自民党の元議員が団長で、野党がそれを支援して、憲法訴訟が闘われたのです。それまで自衛隊にかかわって憲法訴訟を闘っていたのは、政党としては社会党（社民党）、共産党に限られていたわけですから、それだけでも新しい事態でした。

専守防衛が改憲から護憲の立場に転換した

この訴訟が理論的に新しかったのは、専守防衛は護憲だが、海外派兵は違憲という立場で闘われたことです。箕輪氏は、二〇〇六年二月二七日、八二歳の誕生日を前にした札幌地裁の第一〇回口頭弁論の本人尋問において、以下のように証言します。

「我が国が独立を守っていくためにはどうしてもやっぱり自衛隊があったほうがいいと私は考えて勉強しておったので、それ以外に、我が国の独立以外に、他国へ行って人道支援だとか復興支援すると、人を殺す武力を持ち出していって、そのための武力じゃないんです。国を守るための武力なんです。武力は、外に勝手に出すなんてものではないんです。憲法はそれを禁じているはずです」

「軍事行為ではないと言うけれども、航空自衛隊は何やってるんですか。アメリカ軍、それが使う武器、弾薬、それの輸送をやってるんでないですか。旧陸軍だったら、輸送兵の役をやってるんでないですか。（中略）これは戦争参加ですよ。今でもテロでの戦争が続いてる。（中略）日本はアメリカの輸送兵をやるんですか。そのために自衛隊ができたんですか。自衛隊ができた原点を考えていただきたいです」

専守防衛というのは、それまで護憲派にとって（解釈）改憲の論理でした。敵対する考え方だったのです。しかし、専守防衛派のなかに「護憲」を旗印に登場するものがあらわれ、専守防衛は護憲という立場で従来の護憲派と手を組むようになったのです。

大江健三郎氏や井上ひさし氏（故人）を呼びかけ人とする「九条の会」が結成されたのは、この裁判が開始された同じ年（二〇〇四年）でした。この会は、それまでの護憲団体とは異なり、非武装中立や自衛隊違憲論を一致点としていません。海外で戦争する国づくりに反対するというのが一致点です。そこには、専守防衛派との協力を実現しようとする模索があったのだと思われます。

専守防衛派を改憲派と護憲派のどちらが味方につけるのか。そこにどちらが国民の支持を得られるかの分岐点があります。専守防衛という考え方を否定してしまっては、護憲派にせよ改憲派にせよ、国民世論から浮いた存在になってしまいます。これまで指摘してきた事実は、そのことを物語っているのではないでしょうか。

3　九条に加憲する案とどう向き合うのか

二〇一七年五月三日、安倍首相は突然、それまでの自民党の改憲案と異なる九条改正案を提示しました。「九条一項、二項を残しつつ、明文で自衛隊を書き込む」というものです。いわゆる加憲案です。

この提案への賛否は、安倍内閣への支持率の変化にあわせて変化しているようです。とはいえ、これが今後とも九条改正の目玉となっていくことは、おそらく間違いないでしょう。自民党の憲法改正推進本部は、安倍提案にもとづいて国会に提出する改正案をつくるための議論を進めています。二〇一七年一〇月の衆議院総選挙では自民党の公約ともなりました。一項も二項も残して加憲するというのは、十数年前から公明党が主張してきた案であって、国会で改憲を発議する要件である三分の二を確保するためにも、公明党の主張を取り込んだというかたちをとることは不可欠です。野党の一部の賛成を取り付けるためにも、「国防軍」を明記するというかつての自民党案に固執してはいられないはずです。

そして何よりも、自衛隊を明記する加憲案というのは、これまで指摘してきたような意識を持つ国民に対する改憲派の正面からのアプローチであるということです。国民の九割が専守防衛の自衛隊を支持していて、しかも九条も大切に思っていて、その上で改憲か護憲かを判断しようとしているという、国民世論の現状に合致しているのです。改憲派が国民投票で勝利することを本気でめざすなら、この加憲案しかないというのが、リアルなものの見方でしょう。

しかしこの加憲案は、専守防衛の自衛隊をどう深め、どう定着させていくかという、まさにいま求められている見地からして、重大な問題を抱えています。加憲案をどう捉えたらいいのか。その問題を三つの角度から検討します。

何も変わらないとしたら、それこそ問題である

一つ。変わらなくていいのかという問題です。

安倍首相らは、加憲案は自衛隊を明記するだけであって、現行の九条解釈はそのまま残ることを強調します。「一項、二項を残すということでありますから、当然今まで受けている憲法上の制約は受ける」（安倍首相、参議院予算委員会、五月九日）、「九条の政府解釈を一ミリも動かさないで自衛隊を明確に位置づける」（保岡興治・自民党憲法改正推進本部長、六月二二日）などの表明がくり返されています。

これを聞いて、支持している自衛隊が明記されるだけでなく、愛着を持つ九条もそのままだと感じる国民は少なくないでしょう。それに対して、護憲派からは、「自衛隊が明記されるだけにとどまらない」という批判が寄せられているのですが、議論が進めば進むほど、加憲案を推進する人たちは、自衛隊が明記されるだけであって、他は何も変わらないことを強調することになると思われます。そうしなければ変化に不安を持つ国民の支持を得ることはできないわけですから。そしてまた、加憲案が国民投票で通ったとして、その

新しい憲法をどう解釈するかという点では、加憲案を提示した人びとが国会で説明したことが拘束力を持つことは当然です。したがって、加憲案の問題点を追及し、提案者に「変わらない」と答弁させることは、九条の精神を守る上で大切なことです。

しかし、加憲案が「変わらない」ことで支持を得たとして、何も変わらないとしたら、それこそ大問題ではないでしょうか。憲法を変えるというのは、日本国民がまだ一度も経験したことのない大仕事です。その大仕事をやり遂げたら、日本の安全保障環境が向上するとか、何らかの変化こそが必要でしょう。日本経済をどう再生させるかなど他に大事な問題が山積みなのに、改憲が提起されれば国会の議論もそこに集中します。国民投票の費用もバカにならないわけです。

そうやって改憲が実現したとして、しかし何も変わらないというのです。それだけの苦労をして、日本の安全保障環境が向上することもない。変わるとすれば唯一、考えの異なる人を「敵」だと罵倒するような、国民が分断される状況が生まれ、固定化することでしょう。そんなことのために、戦後で一番と言えるほどになるだろう大きなエネルギーを注ぎ込むなんて、常識的に考えられないことです。

自衛隊を明記することもしないことも選択肢

一つだけ、私が肯定的に捉えることができるとすれば、自衛隊が明記されることによって、自衛官が日陰者扱いされる事態はなくなるだろうということです。そのことが自衛官の職務に対する誇りを高め、日本の防衛にも資することになるかもしれません。この点だけでも加憲に意義があることは、自衛隊を否定的に捉えている護憲派に対する批判と一体のものとして、今後、改憲派からはくり返し持ち出されるでしょう。

一九七三年に自衛隊を違憲とした長沼訴訟の第一審判決が出たときに防衛大学校にいた方の話を聞いたことがあります。自分がこれから一生をかけて挑もうとした仕事を違憲だとされたわけで、その衝撃がどんなものだったかを語ってくれました。判決後、自衛隊は違憲だと明確になったということで、護憲派のなかには、成人式に自衛官が制服で出席するのを妨害したり、自衛官を募集する業務にも反対したり、街中で音楽パレードに参加するのを問題にしたりする人たちも生まれました。自衛官が負った傷の深さを思うとき、加憲案を単純に否定してはいけないと自分自身を戒めます。自衛官が誇りを持って仕事をする上で、憲法で明記されることも一つの手段であると私も思います。

しかし、現在の自衛隊に対する国民的な支持は、憲法に明記されていない自衛隊はどうあるべきかと探究してきた努力の積み重ねが生み出したものであることも忘れてはなりません。専守防衛という政策もその一つです。あるいは、政治的な問題に距離を置き、争いのある問題で発言しないという気風もそのなかで生まれました。防衛問題では制服組の意見が表明されることは大事であって、行き過ぎの面もあったのですが、あの大戦を経験した国民が安心感を持って自衛隊を捉えられるようになるには、欠かすことのできない過程だったと感じます。

自衛隊の河野克俊統合幕僚長が、安倍首相の加憲提案を受けて、「自衛隊の根拠規定が憲法に明記されることになれば非常にありがたいと思う」と述べました。率直な気持ちだとは思いますが、国論が二分している問題で自衛隊の最高幹部が一方の側に加担するというのは、戦後の自衛隊のあり方を否定するものです。そういう自衛隊を果たして国民の多数が支持するでしょうか。

国連憲章で武力の行使が包括的に禁止されるようになった現代の世界で軍隊はどうある

べきか。これはどの国にとっても新しい探究が必要な課題なのだと思います。大手を振って闊歩《かっぽ》する軍隊ではなく、戦争は忌むべきものという前提でつくられた日本の自衛隊のイメージは、じつは世界の手本になる可能性も秘めています。国民の支持が自衛官の誇りを支える最大の要素であることを考えるとき、憲法に明記しないことも選択肢であり、それは国民の共感を集めた戦後の自衛隊による努力を大事にする道であるとも感じます。

自衛官が抱える矛盾を解決しなければならない

加憲案の問題点の二つ目です。いま必要なのは「何も変わらない」というものではないことです。専守防衛の自衛隊のあり方をめぐっても「変える」べきことが山積しているのに、加憲案がそれを隠してしまいかねないことは大きな問題です。

自衛隊をめぐっては、現行憲法のもとでつくられたことを背景にして、軍事合理性を度外視した矛盾、問題点がいくつもあります。このうちとりわけ、武器使用をめぐる矛盾の解決は急務です。

日本国憲法は海外で自衛隊が武力を行使することを想定していません。ですから、ＰＫ

Oなどで自衛隊が派遣される場合も、武力の行使が禁止されることが法律で明示されています。そうはいっても完全に平和な場所に行くわけではありませんから、自衛隊が橋や道路をつくる復興業務に従事する場合も、生命を守るために武器を使用する場面は想定されます。しかし、憲法上、海外での武力行使が禁止されているため、部隊として武力の行使はできない建前なので、自衛官個人による武器の使用だと規定され、責任も自衛官個人が負う仕組みになっています。しかも、戦争行為ではないという建前から、相手の行為に応じて武器使用のレベルを上げるという警察官職務執行法が準用され（警察比例の原則）、自衛官の武器使用には大きな制約がありました。

しかし、二つの方向から、矛盾が深まります。一つは、日本のPKO法は、戦争が終了したあとに、紛争当事者の同意を得て、中立的な活動をすることを想定してつくられているのですが、現実のPKOはまさに紛争の最中に、紛争当事者の同意も得ず、住民を保護するためには武力の行使も辞さないものへと変化していることです。ミサイルやバズーカ砲などで武装した相手に対して、相手が武器を持っていないという建前の警察官職務執行法で対応するのですから、自衛官の生命の危険は格段に増大しています。

もう一つは、安倍政権が成立させた新安保法制によって、自衛隊に駆けつけ警護などの任務が付与されたことです。生命を守るためにやむなく武器使用するというのでなく、武器使用そのものを任務にすることで、変化したＰＫＯに対応しようとしたのです。ところが、やはり憲法の制約があって、武器を使って相手を倒すのは、正当防衛・緊急避難に該当するときだけに限られているため、自衛官の危険度はさらに増したのです。

さらに、「敵を倒す」行為は、日本による交戦権の行使ではなく、個々人による武器使用だとされるため、自衛官には国際的な交戦法規が適用されず、捕虜にもなれないとされています。また、国家として命令し、部隊として行動しているのに、誤って民間人を殺傷した場合、自衛官個人の刑事責任が問われることになるのです。しかも、その自衛官を裁くのは軍事法廷ではなく、軍事問題の知識も経験もない一般の裁判所です。

これらは憲法を変えなければ解決できない矛盾です。交戦権を認めないとする条項を削除する自民党のかつての改憲案は、少なくともこの矛盾を解決するものではあったのです。ところが加憲案は憲法解釈を変えないため、自衛官を矛盾のなかから救い出すことはできません。それどころか、憲法九条と法律の間に存在してきた矛盾を、憲法九条の諸規定間の矛盾に高め、固定化するのですから、余計にたちが悪いと思います。法律を変えて解決することができなくなります。

ただし、専守防衛を貫き、武器を保持した自衛隊を海外に派兵しないというのも、解決策の一つです。国民投票をやるというなら、どちらを選ぶのか抜本的な議論が必要です。

労働基本権制限に伴う措置が自衛官だけ存在しない

自衛官の人権規定の不備も「変える」べきことの一つです。

自衛官は、自衛隊法第六四条により、憲法二八条が保障する労働三権（団結権、団体交渉権、争議権）が禁止されています。それ自体はここでは問題にしませんが、通常、憲法上の権利が制限される場合、その不利益を何らかのかたちで緩和する措置がとられるのが当然です。

たとえば普通の国家公務員の場合、争議権が制約されていることとの関係で、国家公務員法にもとづき人事院という第三者機関が設置され、不利益とされたものを補償しようとします。自衛隊と同じく特別職国家公務員であり、国家公務員法の適用がない国会職員、裁判所職員についても、それぞれ「国会職員法」、「裁判所職員臨時措置法」が制定され、人事院勧告が事実上は適用される仕組みが確保されています。

ところが自衛官の場合、自衛隊法は存在しますが、権利侵害を救済するための第三者機関はありません。もちろん、そういうものがなくても政府による予算措置でできることではあります。しかし、法令上は自衛官だけが差別されていることになり、問題であることに変わりはありません。憲法上の整合性の問題があったのかもしれませんが、自衛官を日陰者にしないというなら、まずやるべきはこういうことでしょう。

「変える」べき中心問題は、日本の安全保障のあり方です。せっかく九条を国民的に論議するというのに、安全保障の論議にならないとすれば最悪です。この問題は、具体的な提案も含め、続く各章で論じることとします。

「本格的な集団的自衛権」の可能性も

加憲案を捉える角度として大事だと思う三つ目の点です。「そうはいっても変わるだろう」ということです。

すでに述べたように、加憲案が可決されたとしても、発議の段階で「九条の制約は変えない」という答弁がくり返されるでしょうから、しばらくは憲法解釈も変わらないと予想されます。しかし、純粋に法律論として見た場合、自衛権や自衛隊が憲法に明記されることは、九条の解釈を大きく変えることにつながるだろうと推測されます。

九条の制約（私は優位性と名づけますが）とは何か。政府が指摘するのは、集団的自衛権の全部は認められていないこと、「保持する防衛力も自衛のための必要最小限のものに限る」という見地から、もっぱら他国を攻撃するための武器は認められないとして、具体的に言えば大陸間弾道弾（ＩＣＢＭ）、攻撃型空母などを保有してこなかったことなどです。

国際的に見ると特殊な解釈ですが、それが可能になったのは、やはり現行の九条があったからです。日本政府の九条解釈が、戦後すぐの時期に、自衛権全面否定から集団的自衛権のみ否定へと変わった論理を思い出してください。九条のなかに自衛権を否定する明文がなかったことが根拠になっていたでしょう。九条が自衛権を否定していないことを捉え、国際法上、独立国家が自衛権を保有していることは当然だから、九条のもとでも必要最小限度の個別的自衛権に限って認められるが、集団的自衛権は認められないのだという論理でした。

ということは、自衛権なり自衛隊が明記されることになれば、自衛権全般を認める根拠になる可能性が生まれるのです。そして、国際法上、自衛権とは個別的自衛権と集団的自衛権の二つがあり、自衛権を規定した国連憲章第五一条は、この二つの位置づけを区別していませんから、憲法で自衛権や自衛隊が明示的に認められれば、国連憲章通りに集団的自衛権も全面的に認められるという論理は、当然のこととして成り立っていくわけです。

元自衛隊統合幕僚長の齋藤隆氏は、「読売新聞」（二〇一七五月三〇日）のインタビューに答え、「九条二項が維持されれば、自衛隊は『陸海空軍』とは切り離された特殊な存在であり続ける可能性はある」とは述べています。しかし同時に、それに続けて特殊ではなくなる可能性、「本格的な集団的自衛権」につながる可能性をも指摘しています。

「（自衛隊の）根拠規定が明記され、合憲と整理された後に、軍隊とは何か、自衛隊とどう違うのかなどのかみ合った議論につながっていくのではないか。軍事法廷の要否、戦死者の問題、本格的な集団的自衛権に踏み込むべきか否かなどの論点もある」

明記されるのは専守防衛の自衛隊ではない

さらに指摘しておきたいのは、加憲案によって憲法に明記される自衛隊は、国民の多くが支持する専守防衛の自衛隊ではないということです。集団的自衛権の行使を一部であれ認められた自衛隊だということです。

現在の日本の防衛政策について、政府は現在もなお、「専守防衛」だと位置づけています。専守防衛政策が確立した詳しい経緯は別の箇所に譲りますが（補論第3節）、これを特徴づけていた最大のものは、「相手から武力攻撃を受けたときにはじめて防衛力を行使するということでした（http://www.mod.go.jp/j/approach/agenda/seisaku/kihon03.html）。しかし、集団的自衛権の行使を決めた閣議決定（二〇一四年七月一日）以降、政府は、「他国に対して発生する武力攻撃であったとしても（中略）わが国の存立を脅かす」場合は防衛力を行使すると述べるようになります（http://www.mod.go.jp/j/approach/agenda/seisaku/kihon02.html）。武力攻撃を受ける対象を日本から他国に拡大するという本質的な転換をしておきながら、「専守防衛」という言葉を使い続けるのはまやかしとしか言いようがありませんが、いずれにせよすでに日本はかつての専守防衛政策を実質的に投げ捨てたのです。

漫画家の小林よしのりさんが、新安保法制が可決されたとき、「九条は戦争条項になった」と指摘しました。法律が制定されたとはいえ、集団的自衛権が行使された事例を体験していないのでまだ実感しにくいのですが、閣議決定と新安保法制が撤回されない限り、そういう見方は可能であり、加憲案ともなれば本格的な戦争条項になっていく可能性があるということです。

ただし、いま論じたように、現行の九条も現状のままでは戦争条項と言えなくもないわけですから、それを天まで持ち上げるようなことではいけないと思います。現行九条のもとでも戦争は起こり得るし、加憲案ではさらに起こりやすくなるだろうということであって、すでに両者は白と黒という関係でなくなっていることはリアルに見ておくべきです。

護憲の矛盾は護憲派が引き受ける

ただ、こうして加憲案の問題点を指摘すればするほど、自衛隊を憲法に書き込むことに反対している護憲派に対して、違和感を持つ国民も出てくるのだと思います。自分が支持している自衛隊をどんなかたちでも憲法に明記してはならないのか、専守防衛が担保されても自衛隊の明記に反対するのかと護憲派に問いかけてくるでしょう。たとえ加憲されて新しい条項になっても、二項のような憲法規定はコスタリカなどを除いてほとんどの国にも存在せず、世界のなかでは先進的な憲法であることに変わりはないので、余計にそうなります。

伝統的な護憲派は、何がどうあっても自衛隊は明記しないという態度を貫くと思われます。しかしその際、九条は軍事的価値をいっさい認めていないことに価値があるという見解に固執して、専守防衛を深める議論や自衛官を矛盾のなかから救い出すという議論さえ拒絶するという態度をとり続けるなら、護憲派は国民意識から遊離する可能性があります。

だからこそ、「改憲的護憲派」の登場が待たれるのです。護憲を貫く際には、改憲によって自衛隊が明記されることで生じる問題点を指摘するだけでなく、改憲されないことで自衛隊の専守防衛の任務遂行に生じる問題点をも自覚し、護憲派みずからがそれを解決する先頭に立つ姿勢が求められるでしょう。それがどんなものかということについては、関連する論点に言及した上で、終章で論じます。

第二章　「戦争」と「平和」は対義語なのか

「改憲は戦争への道」という言葉が護憲派から発せられることがよくあります。「九条でこそ平和は守れる」という言葉もです。しかし、日本は九条のもとでもベトナム戦争やイラク戦争をはじめアメリカの戦争に積極的に加担してきましたし、それらは国際法的には「交戦国」としての行動でしたから、九条があれば戦争しないというのは現実を正確に反映していません。しかも現在では、九条下で集団的自衛権の一部も認められているのであって、戦争か平和かは、九条の存在だけを基準にして語れるものではないのです。

とはいえ、九条と平和を結びつける護憲派の気持ちは、できるだけ大切にしたいと思います。先の戦争で、あれだけの犠牲を生み出した日本が、戦後、戦争によってどこかの国の人を直接に殺したり、日本人が戦争で殺されなかったのは厳然とした事実であり、それを憲法九条と結びつけて捉える感情は、ごく自然なものだと感じます。

一方、アメリカのようにためらいなく戦争できる国になることを望むという人が、改憲派のなかに存在することは否定できません。海外で武力行使する国になるために改憲を望む声も一部にあるからです（第一章で紹介した世論調査では国民全体の二パーセントほどです）。しかし他方で、改憲を望む人の多くも、護憲派と同様、日本を戦争する国にしたいわけではありません。アメリカの戦争に巻き込まれないためにも、日本が自衛権の保持を明確にし、自前の防衛政策を確立することが必要だと考える人もいます。侵略する国があれば自衛隊で反撃し、追い返すのだと憲法で明確にしておくことが、結局は侵略を防ぐことになるという立場も、平和を願う気持ちから出てくるものです。

要するに、戦争と平和というのは、国語辞書的には対義語であっても、現実政治においてはそう単純な対立関係にあるわけではないということです。改憲論者を戦争愛好者であるかのように位置づけ、ただ批判する相手だと捉えてしまえば、対話を通じて改憲論者を護憲の立場に変えていくこともできないでしょう。

そこで本章では、戦争と平和の関係について、いくつか突っ込んで論じておきたいと思います。戦争と平和の全般ではなく、九条にかかわる問題に限定して論じます。

1　侵略戦争と同じ数だけの自衛戦争がある

日本の戦争は自衛を掲げて行われた

「あらゆる戦争は自衛の名のもとにはじまった」――こういう考え方があります。九条に自衛隊や自衛権を書き込もうという加憲論についても、護憲派からそういう批判が寄せられます。まずこのテーゼを検討しましょう。

このテーゼは、日本が行った戦争の歴史に限定すると、護憲派の思い込みとまでは言えません。吉田茂が同じようなことを憲法制定議会で述べたことはすでに紹介しました。実際、日本の過去の現実は、ここに真実の少なくとも一端があることを示しています。

日本が真珠湾攻撃にはじまる太平洋戦争を「自存自衛」を掲げて戦ったことは、周知の事実です。アメリカ、イギリス、中国、オランダによるＡＢＣＤ包囲網を突破しなければ日本は生きていけないというのは、当時の支配層にとって、もしかしたら国民の多くにとっても、共通の気持ちだったのかもしれません。

それ以前にさかのぼっても同じことです。明治の元勲である山縣《やまがた》有朋が、その意見書で日本の国境を「主権線」と位置づけるとともに、それを守るための「利益線」があると主張したことは有名です。その利益線が朝鮮半島でした。ここをロシアに奪われたら日本の主権が危うくなるという考え方にもとづき、日清戦争、日露戦争を通じて朝鮮半島を植民地化するに至ったわけです。

その結果、日本の「利益線」は確保できたはずでした。ところが、次には「満蒙《まんもう》（満州と内蒙古《ないもうこ》）は日本の生命線」という考え方が生まれ、今度は中国を侵略することになります。

たしかに、日本の近現代史における侵略は、すべて「自衛」の名のもとに開始されたわけです。一方、第二次大戦の教訓をふまえて結成された国連は、「敵国」（日本やドイツを指していることは明らかです）が侵略したことを憲章で明記していますから、国際的には日本の戦争は侵略だったことが評価として定着しています。自衛の名で侵略が行われたということです。やはり「自衛」を正当化することは許されないのでしょうか。

集団的自衛権は侵略の代名詞だった

「自衛」を掲げて侵略するのは、日本だけの伝統ではありません。世界を見渡しても同じことが言えます。まず、自衛といっても「集団的自衛権」を見ると、そのことがはっきりします。

集団的自衛権が世の話題をさらった二〇一三年、私は、『集団的自衛権の深層』（平凡社新書）という本を書きました。そのなかで、戦争するにあたって当事国が集団的自衛権を口実にするなど、この言葉が実際に使われた実例を紹介しました。

冷戦期のことですが、ソ連によるものでは、ハンガリー動乱での介入（一九五六年）、プラハの春を鎮圧するためのチェコスロバキア侵攻（一九六八年）、アフガニスタン介入（一九八〇年）などがありました（冷戦後だが一九九三年のロシアによるタジキスタン内戦介入もある）。西側によるものでは、レバノン・ヨルダン内戦介入（米英、一九五八年）、イエメン内戦介入（英、一九六四年）、ベトナム侵略（米、一九六六年）、グレナダ介入（米、一九八三年）、ニカラグア介入（米、一九八四年）、チャド内戦介入（仏、一九八六年）などです（年号は「集団的自衛権」の用語が使われた年。以下同じ）。

集団的自衛権というのは、どこかの国が武力攻撃（侵略）を受けているので、その国を助けるために軍事行動をするものとされています（国連憲章第五一条）。しかし、いまあげた事例は、大国の勢力圏にある国で政権の独立志向が高まったり、民間の独立勢力が力を得たりすると、それを鎮圧するために大国が軍事介入するというものでした。自衛の言葉は使われましたが、助ける対象の国が武力攻撃を受けたという実態は存在しておらず、武力攻撃（侵略と武力干渉です）をしたのは「助けてあげる」と叫んで集団的自衛権を発動した国だったのです。

冷戦後、国連が機能を回復し、安保理決議で集団的自衛権の行使をオーソライズ（公認）する例が三例だけ誕生します。イラクによるクウェート侵略（一九九〇年）を排除するための措置、コンゴ民主共和国紛争における措置（一九九八年）、9・11同時多発テロに対処するための措置（二〇〇一年）です。これらはさすがに「自衛」の要素を否定できない事例ですが、現在のイラク、アフガニスタン、コンゴを含む中央アフリカの混迷を見ると、それが正しかったかについては大きな疑問符が付きます。

その本を出したあと、一例だけ、集団的自衛権が行使されます。二〇一四年、アメリカがシリアを空爆するに際して、パワー国連大使が書簡を事務総長に送ったのですが（九月二三日）、シリア領内にいるＩＳ（イスラム国）がイラクを武力攻撃しているので、そのイラクを助けるために集団的自衛権を行使するのだということでした。しかし、先行きの見えないシリアの絶望的な情勢を考えると、その判断を無条件に肯定するわけにはいかないでしょう。

なぜ自衛を掲げた戦争が侵略になるのか

侵略の代名詞として使われるのは集団的自衛権だけではありません。個別的自衛権についても事情は同じです。

そもそも以上の事例のなかでも9・11同時多発テロへの対応は、ＮＡＴＯ諸国にとっては集団的自衛権の発動でしたが、アメリカにとっては個別的自衛権に属するものでした。

ところが、自衛権の発動として開始された「対テロ戦争」は、武力攻撃を仕掛けた当事者であるアルカイダだけでなく、ビンラディンらを匿《かくま》うタリバン政権をも標的にした上に、次にはサダム・フセイン時代のイラクにまで及びます。その結果、ＩＳが生み出され、現在はＩＳがアメリカの主敵となっています。一方、アフガニスタンではタリバンが復活し、領土の多くを実効支配するに至っています。戦闘の個々の局面でアメリカが勝利することはあっても、「対テロ戦争」はどんどん拡大し、いつ終わるのか見えてきません。これが自衛権発動の結果なのです。

これ以上あげることはしませんが、アメリカに限らず、戦争する国は、たとえ侵略する場合も、「自衛権」だと主張します。これは当然なのです。国連憲章が、各国が国連のオーソライズを受けずに軍事行動をするのを、個別的自衛権と集団的自衛権の二つの場合に限っているからです。たとえ侵略するような場合も、このいずれかの自衛権だと主張しなければ、国連憲章上、国際法上の説明がつかないから、「自衛だ」と弁解するというわけです。「懲罰だ」と叫んで中国がベトナム北部に攻め入ったことはありますが（一九七九年）、それは中国における国連憲章の尊重度合いの現実を示すものであって、国連憲章や国際法を建前だけでも尊重しようとすると、そういうことはできないのです。

「あらゆる戦争は自衛の名のもとにはじまった」。冒頭にあげたこのテーゼは、その意味で真実だと言えるでしょう。

侵略される側の国は自衛せざるを得ない

ということは、自衛権を認めてしまえば、たしかに侵略する国になるのを許すことにつながるように思えます。憲法で自衛権や自衛隊を明記することは、やはり危険なのでしょうか。

けれども、冷静に考えてみてください。いままで論じてきたことは、侵略する側の話です。日本は体験がないので実感できないかもしれませんが、侵略される側の立場も理解しなければなりません。

自衛の名のもとに侵略戦争が開始されるとして、侵略される側は、それに抵抗したいと思うでしょう。外国に支配されるのを歓迎する人はあまりいません。そして、その抵抗を武力によって行うとしたら、当然それは戦争行為になります。

けれども、抵抗する側の戦争を侵略だとは誰も言いません。自衛の戦争だということになります。

自衛のためであっても戦争してはならないという立場があることは承知します。しかし、侵略戦争があれば、それに対抗する武力抵抗が自衛戦争となり、自衛権の発動として位置づけられることは理解できるのではないでしょうか。侵略があれば自衛があるわけですから、侵略戦争の数と自衛戦争の数は同じだけあると言うことも可能です。

しかも、本来なら護憲派こそ、自衛戦争は支持するべきだと思います。護憲派の多くは、日本の過去の戦争を侵略だと認識し、批判する立場にあると思います。それなら、日本が侵略した朝鮮半島、中国、東南アジアの人びとが武力で抵抗したことは、自衛の戦いとして支持しているのではないでしょうか。それとも、日本に抵抗するに際して、武力を使うべきではなかったという立場でしょうか。

相手がドイツでも同じです。ドイツが侵略した東ヨーロッパ、ロシアなどの人びとは反撃してはならなかったのでしょうか。連合国軍がノルマンディーに上陸し、ドイツを敗退させたことは間違いだったのでしょうか。そうではないでしょう。

自衛ではじまった「対テロ戦争」の末路

戦争を侵略と自衛に分けるなんて単純化しすぎだという批判はあると思います。その通りです。実際の戦争の性格付けは、そう簡単ではありません。

先ほど論じた9・11同時多発テロをきっかけとしたアフガニスタン攻撃は、それを証明するいい事例です。慣習国際法上、自衛権の発動には三要件が必要だとされますが、それが満たされていたかどうかを検討すると、この戦争の複雑さが分かります。

三要件の一つ目は、実際に武力攻撃（慣習法では「急迫不正の侵害」）が発生することです。この点では、あのテロの大規模さ、組織性は、国連憲章第五一条で自衛権発動が許される「武力攻撃」に匹敵するものだったと思います。ですから、アメリカが自衛権を発動し、武力行使に踏み切ったこと自体は正当化されるでしょう。

二つ目は、武力を使わなければ問題が解決しない場合だけというもので、言い換えると、まず外交努力をせよということです。実際にアメリカは、タリバン政権に対して、ビンラディンの引き渡しを要求し、それをタリバン側が拒否したとして武力行使に至ったわけです。この点で、外交努力が皆無だったとは言えないでしょう。けれども、ビンラディンの引き渡しを実現するため、国連安保理は二〇〇一年九月二八日に決議一三七三を採択し、加盟国に経済制裁の強化を義務づけました。アメリカが空爆を開始したのは一〇月七日で、安保理決議からわずか九日しか経っていなかったのであって、制裁の効果を見極めなかったのですから、努力が十分だったとは言えません。

三つ目は、被った攻撃に相当する（均衡する）程度の反撃を許そうとするものです。しかしアメリカは、「対テロ戦争」と称して、攻撃を仕掛けた当事者であるアルカイダだけでなく、それを匿うアフガニスタンのタリバン政権をも反撃の相手と位置づけ、政権を打倒するまで戦争を続けました。現在に至るもアフガニスタンでは戦争を継続しています。

アフガニスタンへの空爆を開始したころはともかく、現在、アメリカがこの地域で個別的自衛権を行使していると捉える国は皆無でしょう。最初は自衛権の発動だとしても、こういう運命をたどる場合もあるということです。

侵略と自衛が入れ替わるような場合も

はじめは自衛のために戦争を開始したのに、いつの間にかその国が侵略する側に立つという場合もあります。その場合は逆に、侵略を開始した国が、やがては自衛戦争を余儀なくされる側に回るということです。その代表的な事例が、かなり古くなりますが、一八七〇年から一九七一年にかけてのプロイセンとフランスの間の戦争（普仏戦争）でした。

この戦争は当初、周辺諸邦を統合して強大化してきたプロイセンを怖《おそ》れたナポレオン三世が仕掛けたもので、フランスによる侵略という性格を持っていました。この戦争を同時進行的に分析したカール＝マルクスも、「ドイツの側についてみれば、この戦争は防衛戦争である」と述べています（『マルクス・エンゲルス全集』第一七巻、大月書店、一九六六年、五ページ）。

しかし、フランス軍が破れてナポレオンが捕虜になると（フランスでは帝政が崩壊して第三共和制が成立）、今度はプロイセンの側が隠していた侵略の意図をあらわにし、アルザス・ロレーヌを併合し、パリにまで侵入して占領します。パリ侵入が迫った時点で、マルクスは、「フランスにとっての名誉ある講和と、フランス共和国の承認」を要求として掲げます（前出、二五八ページ）。各国が新しいフランス共和国を承認することによって、あらわになったプロイセンの侵略意図を阻もうとしたのです。戦争の性格が変化したという認識を持ったわけです。

当時のドイツには、ドイツ社会民主党の前身である社会主義労働者党のさらに前身である党があり（全ドイツ労働者協会とドイツ社会民主労働党）、世界ではじめて議席を獲得した社会主義政党でした。この党は、軍事公債にどう対応するかをめぐり、マルクスの助言にもとづき、戦争の最初の時期は「保留」、最後の時期は「反対」という態度をとることになります。どんな戦争にもただただ反対するというのではなく、戦争の性格に応じて対応を変えるというのが、左翼勢力の原点だということでしょう。

他方、二〇世紀になってロシア革命を率いたレーニンは、第一次大戦で「ケンカ両成敗」という態度をとりました。ドイツやオーストリアなどの側も、それに対抗したロシア、イギリス、フランスなどの側も、どちらも正当性のない戦争をしているという認識です。

これは、第一次大戦の背景にあるのが、帝国主義による植民地の再分割という現実だったことによるものです。すでに広大な植民地を有しているイギリスやフランスに対して、後発の帝国主義国であるドイツが挑んだのが第一次大戦であり、植民地を奪い合うという本質を捉えれば、どちらが最初に発砲したかに意味はなく、どちらにも道理がないのだということでした。

そういう歴史の現実を見れば、侵略と自衛を明確に区別できない場合があるのは明らかです。しかし、明確に区別できる場合もあったこともまた、歴史の現実なのです。そして、どんな戦争が起きる場合も事態に即して具体的な分析をすることが必要であり、明確な侵略戦争が存在する限り、自衛の戦争も存在するし、その場合は侵略を批判し、自衛を支持するという態度をとることが求められると思うのです。

結局、私がここで述べたいことは一つだけです。護憲派が自衛権や自衛隊を九条に書き込むという加憲案に反対するのはいいのです（私も反対しています）。また、自衛権や自衛隊に反対する立場から、あるいはミサイルが落ちてきても甘受すべきだという立場から、加憲してはならないという人がいることも承知します（私と立場は異なりますが）。しかし、ここで見てきた戦争と平和の歴史を振り返ってみても、護憲派の大勢が自衛権や自衛隊に反対していると捉えられると、世界の現実に合わないわけですから、国民の感情にも合致しないということです。護憲の主張を貫くに際して、そこに留意する必要があるということです。

2　戦争と平和は通じ合っている

次に論じたいのは、戦争は悪で平和は善という考え方も、ある意味で問題の単純化ではないかということです。

「正義の戦争より不正義の平和」

井伏鱒二《いぶせますじ》の『黒い雨』を知らない人はいないでしょう。原爆投下から数年後の広島を舞台にした小説です。被爆した主人公の姪《めい》に結婚話が持ち上がる度に、その姪も被爆者だという噂《うわさ》が立ち、結婚できないでいます。良縁が持ち上がったので、是非ともまとめたいと姪が被爆していないことを証明しようとしますが、実際には姪も主人公を探すために広島に向かう途中で「黒い雨」を浴びており、やがて原爆症を発症し、破談になってしまうという経緯が描かれます。

この小説のなかで、主人公の口から発せられるのが、「正義の戦争よりも不正義の平和がいい」という言葉です。ここには、戦争直後の日本人の、とりわけ広島の人びとの心情が深く投影されているように思います。

日本は、「五族協和」とか「大東亜共栄圏」など、まさに「正義」を掲げて戦争を遂行しました。正義の戦争なのだから、窮乏にも家族の戦死にも堪え忍ばなければならないと、日本人は歯を食いしばった。しかし、その結末が無差別の空襲であり、広島、長崎への原爆の投下だったのです。この主人公の言葉にあるのは、そんな結末を受け入れることになるなら、不正義だとののしられるようなことがあっても「平和」のほうを選択すべきだったという心情です。

実際の日本の戦争は「不正義」でした。井伏もそのことは承知しているのです。それを「正義」と言っているのは、「不正義の平和」と同様、おそらく逆説的な言い方をわざとしているのでしょう。けれども、問題をはらむような不正義であっても平和がいいという感情こそが、井伏の表現したかったものであり、それは戦後の日本を覆い尽くしていたのだと感じます。

日本の平和は、第二次大戦で敗北し、武装解除されることによって訪れました。みずから戦争を仕掛けなければ平和になるという考え方も、日本人の体験からくるものであり、その精神に深く浸透しているものと思われます。

しかし、国によって国民の体験は異なっています。体験が異なれば、戦争観、平和観も違ってきて当然ではないでしょうか。「不正義の平和」が逆説ではなく真実であるような体験をした国民も少なくありません。

「不正義の平和」は実際に存在する

アフリカにシエラレオネという国があります。西アフリカの西部にあり、大西洋に面する人口七四〇万人の小さな国です。

この国を特徴づけるのは、世界で最も平均寿命が短い国の一つだということです。世界保健機関の調査によると、二〇〇〇年には三九歳、二〇〇七年で四一歳、二〇一三年は四六歳と、少しずつ上昇していますが、一貫して世界で最短です（他の調査ではもっと短い国がありますが、シエラレオネが短い部類にあることは変わりません）。

アフリカを中心として、平均寿命が短い国に共通するのは、エイズやエボラ出血熱など、病気による死亡者が多いことです。同時に最近は戦争による死者も無視しがたい数にのぼっています。シエラレオネは、内戦が平均寿命を押し下げた最初のケースだと言えるでしょう。一九九一年に本格化した内戦は、停戦が合意されて二〇〇二年に大統領選挙が実施されるまで、この国を悲劇のどん底に突き落としました。政府軍と反政府ゲリラが数万丁のカラシニコフ（自動小銃）を手に殺し合い、最少でも数万人が死亡したとされます。カラシニコフは自動小銃のなかでもメンテナンスが容易なことから、ゲリラに駆り立てられる子どもも多く、「少年兵」という言葉が生まれたのもこの国でした。

内戦が終了して一五年。シエラレオネは平穏な様子を見せています。しかし、シエラレオネの平和は、国民の怒りと苦痛の上に成り立っているものであることを、私たちは理解しなければなりません。

内戦を終わらせるには二つの方法があります。一つは、一方の紛争当事者が、他方の紛争当事者を完膚なきまでに打ち破ることです。もう一つは、お互いがまだ戦争する余力を持ちつつ、どこかで妥協することです。シエラレオネは後者のケースでした。

前者と異なり、早く戦争が終わるのだからいいだろうというのは、現実を知らない人の言い分です。こういうケースでは、国家を安定させるため、内戦で何千人、何万人と殺戮《さつりく》を重ねた武装ゲリラの責任者が政権の要職に就く場合が少なくありません。本当だったら裁判で裁かれなければならない人が、何の責任を追及されることもなく政権に居座るわけですから、家族を殺された人はいたたまれないでしょう。

シエラレオネもそれと同じでした。それでも「平和」のためには受け入れざるを得ない。この場合、平和とは本物の不正義、不正義そのものなのです。

「真実と和解」委員会

シエラレオネのケースは特殊なものではありません。一方の側が殲滅《せんめつ》されないうちに内戦を終わらせようとしたら、こうするしかないというのが現実です。

「真実と和解」委員会（Truth and Reconciliation Commission）をご存じでしょうか。シエラレオネで前記の和解を促進するためにつくられたものですが、同じ名称の委員会は、南アフリカ、ソロモン諸島、リベリアなどにも見られます。まったく同じ名称ではないが目的が似通っているというなら、アルゼンチン、エルサルバドル、チリ、東ティモールなどにも存在します。

これらの国に共通するのは、内戦にまで発展したかどうかは別にして、政権（多くは独裁政権）による国民に対する弾圧が行われ、大規模な人権侵害が引き起こされたことです。そうやって生まれた国民分断という状況を終わらせるため、人権を侵害した当事者（犯罪者）に真実を語らせることにより、被害者はそれを受け入れ、犯罪者の裁きを求めることをせず（例外はあります）、和解しようというものです。南アフリカで一万件以上の真実を究明し、それをまとめた全五巻三五〇〇ページに及ぶ報告書を受け取ったマンデラ大統領（当時）は「処罰なき正義」という言葉を使って、この取り組みの意義を語ったそうです。裁きのない和解を受け入れることは、被害者にとっては耐えられない苦痛です。それでも、平和のためには不正義を正義とみなすということです。

日本的な平和しか体験したことのない私たちは、苦痛を伴う平和という概念を想像もできません。平和という言葉を、一点の曇りもない、ピュアなものとしか捉えられません。「護憲こそが平和だ」と言うにしても、平和の概念そのものが多様であることを、護憲派はよくよく承知しておくことが求められると思います。

奴隷の平和か、戦争による平和か

いままで紹介してきたのは、歪《ゆが》んだかたちの平和もある、あるいは平和のためには代償が必要であるという事例でした。同時に、その程度にはとどまらず、平和のためには戦争が必要だ、戦争しなければ平和もないという事例もあります。戦争を肯定的に捉える事例です。それも身近に存在します。

団塊の世代なら誰でも覚えているのは、ベトナムの人びとの独立戦争でしょう。ベトナムを含むインドシナ半島では、フランスによる植民地支配時代から独立運動が盛んでしたが、日本が第二次大戦で敗北するやいなや、共産党のホーチミンが独立を宣言し、国家主席に就任します（一九四五年九月二日）。これに対してフランスが再び占領者として舞い戻ったため、インドシナ戦争が開始され、ジュネーブ協定（一九五四年）でようやく停戦が実現することになったのです。ところが、この協定では、暫定的に国土を南北に分け、一九五六年に全土で選挙を実施して統一を回復することになっていたのに、アメリカから大量の軍事顧問団（最大時で二万人）を受け入れた南側が選挙を拒否したため、南ベトナム解放民族戦線が結成され（一九六〇年）、アメリカによる戦闘部隊の投入があり（一九六一年）、トンキン湾事件（一九六四年）をきっかけとした北爆によって戦争が全土に拡大することになるのです（この一九六〇年以降がいわゆるベトナム戦争と呼ばれ、それ以前のインドシナ戦争と区別される）。

一九六〇年以降一九七五年の最終的な終結まで、十数年にわたった戦争において、アメリカは最大時で約五五万人、のべ二六〇万人を超える兵士を派遣しました。米兵の死者は五万人を超え、第二次大戦後では最大規模となりましたが、ベトナム人の死者は数百万人にものぼります。ベトナムに落とされた爆薬の量は、第二次大戦において世界で使われたものより多いとされます。

「独立と自由ほど尊いものはない」。ホーチミンの言葉です。この戦争を戦ったベトナムの人びとの気持ちを象徴していると思います。ここでは「平和」の言葉が使われていないことに注目してください。平和が一番尊いなら、独立戦争をしないという選択肢もあったのです。アメリカの支配を受け入れる平和、いわゆる「奴隷の平和」という選択肢です。

しかし、ベトナムの人びとは、戦争という手段に訴えてでも、独立と自由を獲得することを選んだのです。

現在の日本で護憲派を名乗る人びとの多くは、当時、一定の年齢に達していたとしたら、ベトナムの人びとの戦いを支持したのではないでしょうか。ベトナム側が武力に訴えることを批判するなど、思いも寄らなかったでしょう。支持しなければならない戦争もあるということです。

憲法は侵略と自衛を区別しないのか

ベトナムは特殊な例ではありません。かつてアジア、アフリカに存在していた広大な植民地が独立する過程では、ほとんどが同じ道筋をたどりました。植民地ではなく、第1節で論じた侵略に対して自衛する場合も、中国で国民党や共産党が武力で抵抗したように、戦争という手段を余儀なくされるのです。

ところが現在、護憲派のなかでは、こういう場合の武力抵抗をも否定する思想が広がっています。私がとりわけショックを受けたのは、もう十数年も前になりますが、尊敬する法学者である古関彰一氏が、日本国民がベトナムの人びとの武力抵抗を支持したことについて、憲法の立場から疑問を感じるようになったと表明したことでした。氏は、次のように述べたのです（『九条と安全保障』、シリーズ「日本国憲法・検証」第五巻、小学館文庫、二〇〇〇年）。

「しかし問題は、戦争を放棄し、武力を否定した日本国憲法の視点から見たときに、米軍の侵略行為は言うに及ばず、武力を持って米軍と立ち向かう行為を支持することは少なくとも日本国憲法の精神ではない。もちろん法論理的には、日本国憲法は日本の国家と国民の問題なのだが、思想として考えたときにあれは良かったのであろうか、平和憲法を支える思想として、といった省察が必要な時代ではないのか」

侵略した米軍の行為だけでなく、それに武力で抵抗したベトナムの人びとを支援する行為も、等しく「日本国憲法の精神ではない」と断定されていたのです。過去のことだけではありません。今後もそういう立場を堅持するべきだというのです。古関氏にとどまらず、七〇年代までベトナム反戦闘争を行った世代が、その後、九条を焦点とする闘いに参加するなかで、九条の理念に共感して、かつての戦争と平和に対する態度を変えつつあるのかもしれません。

しかし、よく考えてください。護憲派は、改憲したら日本は戦争する国になると主張します。実際に改憲され、日本が戦争をしかけるとします。そうなったと仮定して、侵略と自衛を区別すべきでないと言うなら、日本の侵略も問題だが、それに武力で抵抗することも許されないということになってしまいます。それが本当に憲法九条の思想だと言うのでしょうか。

自衛を肯定するにしても戦争全般の肯定につながってはならない

もちろん、自衛の戦争をどう位置づけるかは、そう簡単なことではありません。侵略されたら自衛することは国連憲章で認められているわけですから、自衛の戦争は合法的な戦争だと言うことはできます。しかし、その戦争を無条件で賛美できるのか、「正義」の戦争だと位置づけられるのかというと、そうではないように感じます。

独立するにせよ自衛するにせよ、武力を使わないで済むことが理想です。先ほど自衛の三要件を紹介しましたが、国際法上の自衛権というのも、侵略されたら無条件に反撃していいというものではありません。武力の使用が正当化されるといっても、あくまでやむを得ない場合の、やむを得ない範囲でのことなのです。人が死ぬ戦争は、どんなものであれ賛美されることではないのですから、当然です。

中国で行われている愛国主義教育を見ると、その難しさが理解できます。中国の人びとが日本の侵略に対して武力で抵抗したことは、何回も強調しますが合法的なことです。その意義を教育することも問題ではありません。

けれども、武力による抵抗を肯定するにしても、それが戦争一般の賛美につながるようなものになるのは避けなければなりません。中国の抵抗が合法だったのは、まさに目の前で帝国主義的な侵略が行われていたからであって、戦争の合法性はその範囲内でしか担保されていません。中国は現在、南シナ海の領有権争いに際して、過去には中国の領土、領海だったが、帝国主義に侵略された過程で失われたものだと強調します。しかし、武力の行使が許されるのは、武力攻撃が目の前でされている場合への反撃としてであって、過去の領有権はどうあれ、現に中国が実効支配していない領土を回復するための戦争は許されていません。一九七〇年に国連総会で一致して採択された「友好関係原則宣言」は次のように述べています。

「国の領域は、武力による威嚇又は武力の行使から生じる他の国による取得の対象としてはならない。武力による威嚇又は武力の行使から生じるいかなる領土取得も合法的なものとして承認してはならない」

「いかなる領土取得」も武力によるものは禁止されているというのが、現在における国際法の原則です。帝国主義によって奪われたということがたとえ事実であったとしても、南シナ海や尖閣《せんかく》諸島をめぐって、武力を使うことは許されないのです。

中国の愛国主義教育の問題点はそこにあります。日本をはじめ帝国主義による侵略を打ち破った、誇るべき戦争を遂行したという要素を強調するあまり、戦争と平和ということの全般が正確に教えられていないことです。とりわけ、戦争は忌むべきものだという、この問題では一番大切なことが欠落しているように見えることです。

国連憲章の精神全体のなかで自国の戦争も捉える

私が大事だと思うのは、この問題では国連憲章と国際法の到達を正確に捉えることです。それを議論の出発点にすることです。

国連憲章五一条は個別的、集団的自衛の権利を認めています。それが国際政治の到達点です。しかし同時に、自衛権の発動には先の三要件が課されており、国連憲章では自衛権を発動した場合は国連安保理に届け出ることとされ、自衛権であっても無制約に発動できるという考え方に立っていません。

同時に、国連憲章の大事なところは、その自衛権や国連によるものも含め、武力行使自体が例外的に許されるものだという位置づけになっていることです。憲章の基本精神は武力の行使と武力による威嚇を包括的に禁止したことです（二条四項）。

自国の自衛戦争について教育する場合も、戦争が禁止されていることをはじめ、戦争と平和をめぐる全体像を教えることと結びつけなければ、戦争の賛美に行き着く危険性があります。国連憲章前文にある通り、「言語に絶する悲哀を人類に与えた戦争の惨害」ということこそ、戦争の本質として捉えられ、教えられなければなりません。中国であれどこであれ、戦争を語るとき、自戒しなければならないことです。

この国連憲章の考え方も、国際政治の現実と比較すると、かなり理想的なものです。現実との矛盾が目立ちます。現実をどうやって国連憲章に近づけていけるのかが、大きな課題として横たわっています。日本の憲法は、そのさらに先の理想を描いています。現実との矛盾の大きさも半端ではありません。いくら現実を理想に近づけるのだといっても、憲法規定をそのまま日本の政策にしてしまうことは、現実の政治過程のなかでは可能ではありません。理想は理想として、現実は現実として、どう捉え、どう教えていくのか、リアルな回答が求められます。

3　戦後の世界で、戦争は減少する傾向にある

憲法の理想が実現するのはいつとは言えないほど先のことだということになると、そういうものを憲法で規定する意味はどこにあるのか、とりあえず現実に通用するものにすべきではないかという議論になります。立憲主義という観点で憲法を捉えれば、現実の規範であることが求められるわけですから、自衛隊が必要な間は、自衛隊とそのありようを憲法で規定するのは、やはり選択肢の一つだと私も思います。改憲論に意味はあるのです。

それでもなぜ私は護憲なのか。それはこれまで述べてきたことに加え、憲法九条には立

憲主義を超える意味合いがあると感じるからです。戦後に日本が置かれた国際環境、そのなかでの日本の歩みを通じて、九条がいわば日本が背負って立つ看板のようなものになったということです。

もちろん、そうはいっても、現実の国際政治がどんどん九条の精神からかけ離れていっているというなら、日本だけが九条を堅持している意味は薄くなります。しかし、あまり目に見えないようであっても、戦争は減少しつつあるという現実があります。戦争が廃絶され、武器さえいらなくなる世界が来ると断言まではできないけれど、そのような方向への歩みは存在すると思うのです。たとえそれが遅々としたものであってもです。

それならば、九条は現実の規範にはならなくても、目標にはなり得ると思います。そこで、国際政治における戦争というものを、少し歴史的に見てみます。

国際紛争は減少している

二〇一〇年一二月、国連本部で記者会見があり、ある報告書が発表されました。そのタイトルは、「人間の安全保障報告２００９／２０１０」(http://www.hsrgroup.org/humansecurity-reports/20092010/text.aspx）。「人間の安全保障報告」は、それまでも何回か発表されたことはありますが、この報告の焦点は、戦争と平和の傾向がどうなっているかにありました。

報告はまず、第二次大戦後に国家がかかわった武力紛争を、紛争当事者が誰であったかを基準にして、四つに分類します。①国家と国家による紛争、②植民地独立戦争（宗主国対植民地の人びと）、③国家と国内武装勢力との紛争（内戦）、④内戦に外国が介入した紛争です。その上で、報告は、①と②を国際紛争だと定義します（③と④は内戦なので）。そして、この国際紛争が発生した数について、一九五〇年代は毎年の平均が六・五件だったのが、最新統計のある二〇〇〇年から二〇〇八年の平均では〇・七八件にまでなったことを明らかにしました。九割近い減少です。

「なぜ国際紛争は劇的に減少したのか」——報告は、そのような見出しをたてて、原因を指摘しています。そこで強調されているのは、国連憲章のもとで戦争が禁止されたこと（安保理が認めた場合と自衛の場合を除いて）、植民地主義と冷戦が終わり、国際社会の緊張要因が取り除かれたこと、国際的な経済関係が密になり、戦争で資源を奪うより貿易で手に入れる方が安上がりになったことなどです。適切な解明だと思います。

なお、いわゆる植民地独立の年と呼ばれた一九六〇年を前後して植民地がほとんど存在しなくなったので、②のタイプの戦争がなくなったのは当然でしょう。この国連報告でも、②の戦争は七〇年代で終わりを告げています。しかし、①に限ってみても、八〇年代は年平均で三件だったのが現在は一件以下になっていますから、国家間の戦争が大幅に減少していることに変わりはありません。日本で危惧されているのは、中国とか北朝鮮などを相手にした国家間の戦争ですから、こうした変化には意味があります。

国連憲章に法的安定性がなかった五〇年代

戦争が減少してきた原因として「人間の安全保障報告」は国連憲章で戦争が禁止されたことをあげていますが、この問題は深い検討が必要です。国連憲章それ自体にそれほどの効果があるなら、憲章制定（一九四五年）直後から戦争が減りそうなものですが、事実はそうではありません。①のタイプの戦争は、五〇年代は年平均一件強だったものが、六〇年代、七〇年代は二件強へ、八〇年代には三件へと増加し、九〇年代になってようやく一件強へ、二一世紀になって一件弱へとなってきているのです。

ここに冷戦終了の影響を見ることは可能です。同時に、国連憲章という角度から見ると、その規範性が強まってきたことが大事だと思います。

五〇年代というのは、憲章に違反する戦争が勃発したとしても、国連は、特定の国によるものは批判するが、別の特定の国によるものは黙認するという態度をとりました。具体的に言うと、ソ連によるハンガリー動乱への介入の際（一九五六年）、国連総会はソ連の行動は憲章違反だと批判した上で、ソ連軍の撤退を求めました。一方、一九五四年、アメリカがグアテマラ政府を「共産主義政権」と決めつけ、亡命者を周辺国で武装訓練して空爆などをさせていました。グアテマラ政府は、これらの活動停止と調査団派遣（憲章第三四条にある安保理の調査権限にもとづくもの）を国連安保理に申し立てましたが、アメリカは安保理による調査に賛成せずに時間を稼ぎ、そうこうするうちに政権を転覆して親米政権を樹立したのです。これに対して、アメリカが拒否権を持つ安保理が何の対応もしなかったのは当然だったでしょうが、二年後にハンガリー問題でソ連を批判することになる国連総会も、何の行動も起こしませんでした。

国際法をはじめおよそ法というものは、同じ事態に対しては同じに適用されてこそ、法と言えるものになります。同じ犯罪行為を行っても、誰がやるかによって裁かれるか裁かれないかが違ってくるというのでは、法として通用しないのです。そういう状態を法治ではなく人治と言います。当時の国連は、七〇年代に大きな役割を果たすことになる非同盟諸国はいまだ植民地のままであり、「アメリカの投票機械」と揶揄される状況にありました。国連憲章もまた、法としての安定性を著しく欠いた状態にあったということです。

変化の兆しが見えた六〇年代、七〇年代

それでは、植民地が大挙して独立し、国連に加盟してくる六〇年代、七〇年代はどうだったのでしょうか。この時期は、現実には戦争が多発し、国連はそれに対して引き続き無力だったけれども、九〇年代になって国家間の戦争が激減するのを準備した時期だと言えると思います。岩盤のように変化しないこともあったけれど、岩盤に穴をあける機械は発明されたと表現しておきましょう。

まず、アメリカやソ連が国連憲章に違反して戦争を行うのに対して、残念ながら国連は

口をつぐみました。この時期、代表的なものではアメリカのベトナム戦争、ソ連によるチェコスロバキアのプラハの春への軍事介入などがありましたが、安保理はもちろんのこと国連総会も何もしませんでした。植民地から独立した多くの国々も、旧宗主国との経済的、政治的な関係があったり、あるいはソ連の援助を受ける判断をした国があったりしたため、大国に堂々と立ち向かうまでにはいかなかったのでしょう。ただ、五〇年代のように、アメリカとソ連を区別しなかったという点では、国連憲章の法的安定性が少しだけは高まったのかもしれません。

一方、この時期の国連総会は、国連憲章で定められた武力行使禁止の原則を、さらに具体化する作業には取り組みます。その一つが、前節で紹介した「友好関係原則宣言」(一九七〇年、以下「宣言」)であり、もう一つが総会決議「侵略の定義」(一九七四年)でした。「宣言」は、憲章で禁止された武力の行使について、「国際法及び国連憲章に違反する」とします。これは武力不行使原則が、国連憲章に制約される加盟国だけでなく、国際社会全体を拘束するという見地を表明したものとされます。

さらに「宣言」は、武力不行使原則をいくつかの点で明確にします。たとえば、「武力行使を伴う復仇行為」が禁止されます。これは、相手国の攻撃は継続していないのに、報復のために反撃を継続するもので、そういうものは自衛権として認められないということです。先ほど紹介した武力による領土取得の禁止も、具体化されたことの一つです。

「侵略の定義」は、文字通り、どんな行為が侵略に当たるのかを定義しようとするものでした。国連は、日本やドイツの侵略を批判する立場で結成され、戦後、侵略を裁くための刑事裁判所を設立する議論を開始しながら、結局、定義が定まらず議論が長期にわたって中断していたのです。裁判所設立に直接に結びつくものではありませんでしたが、国連総会はこの決議を採択することで、侵略行為が何であるかを明確にしようとしたわけです。採択された決議は、「憲章に違反してなされる国家の最初の武力行使」を侵略行為だとするとともに、具体的な行為の内容として「国家の軍隊による他国家の領域への侵入または攻撃」など七つの行為を認定しました。

「宣言」は現在、慣習国際法にまでなっていると位置づけられています。「侵略の定義」の内容は、侵略などを裁くため後に設立された国際刑事裁判所規程のなかに取り入れられています。国連に参加した旧植民地諸国をはじめ中小の国々は、この時期、まだ大国を面と向かって批判する力はなかったけれども、大国による武力行使の被害者として、法の原則を確立するために努力したのでした。

アメリカもソ連も公然と批判された八〇年代以降

八〇年代になり、変化は突然訪れました。アメリカやソ連の違法な侵略が、国連総会で公然と批判される時代の幕が開いたのです。

最初は、一九八〇年一月一四日の国連総会でした。一九七九年末に起きたソ連のアフガニスタン侵略は、当初、安保理で議題となりましたが、ソ連の拒否権で葬り去られ、一月一〇日から総会で議論されていたのです。そして一四日、総会は圧倒的多数の賛成で決議を採択し（賛成一〇四、反対一八、棄権一八）、アフガニスタンの事態は国連憲章の基本原則に違反するとして、外国軍隊の即時、無条件、全面撤退を求めたのです。

これだけならソ連だけが批判される五〇年代への逆戻りになる可能性もありました。しかし、国連総会は一九八三年、アメリカがカリブ海の島国グレナダで反米政権打倒の政変を後押しし、軍隊を派遣して全土を制圧したとき、アメリカの行動を批判する決議を採択しました。アメリカの武力介入は、「国際法及びグレナダの独立、主権、領土保全の重大な侵害」であると糾弾されました。この決議への賛成国は、アフガニスタン侵略のときを上回る一〇八カ国（反対九、棄権二七）にも及びました。

その後も、一九八六年四月、アメリカがリビアを空爆した際（テロに対する戦争行為として最初のケースだと思われます）、国連総会はこれを憲章と国際法に違反すると宣言しました。特徴的だったのは、前出の二つの決議と異なり、武力を行使した当事国であるアメリカを名指ししたことでした。一九八九年一二月にも、アメリカがパナマに二万六〇〇〇人もの軍隊を送り、武力介入したとき、国連総会はこれを批判する決議を採択するのでした。

国際社会の到達点はどこにあるのか

二一世紀になって、アメリカのイラク戦争やシリア内戦など大国の関与がある場合、私たちの目には、国連の安保理や総会が活発に議論し、大国であれ批判から免れない現実が見えています。しかし、いままで見てきた国連の歴史を振り返ると、国連憲章が守るべき法的規範であるという国際社会の信念は、国連結成当初はほとんど存在せず、長い時間をかけて少しずつ高まっていったものだということが分かると思います。

国連憲章を踏みにじって侵略する国は、現在もまだ存在します。ですから、自衛権やそれを担保する実力組織の存在を否定することは、まだできません。そういうことができるようになるには、まず世界から戦争がなくなった上に、その現実がかなりの長期間続くことによって、現実が人の意識に働きかけ、戦争への懸念が諸国民の意識からもなくなるという、想像できないほどの時間がかかると思います。

しかし、戦後の歴史を通じて、少なくとも国連憲章はどの国であれ守らなければならない規範であるという「建前」は、国際社会はすでに手にしているというのが現状です。国連憲章に違反して戦争すると公言する国はありません。戦争する場合も憲章に合致すると弁明せざるを得ない。それでも実際に憲章に違反していれば、国際社会からの痛烈な批判を浴びます。

こうして現在、紛争を武力によって解決するということは、国家を名乗る限り、次第にやれなくなっている、少なくともやりにくくなっているというのが、国際社会の到達でしょう。国家間の戦争が激減しているのは、その現実のあらわれです。この方向に沿って努力するのは、護憲派にも改憲派にも求められていることです。

増大傾向にある内戦には正しく対処する

一方、先ほどの「人間の安全保障報告2009／2010」に戻ると、「日本が攻められる」という話とレベルは違いますが、内戦は予断を許さない状況にあります。報告によれば、内戦に外国が介入した紛争④は毎年数件前後で推移しており、大きな変化がありません。他方、純粋な内戦③は、五〇年代には毎年一〇件前後にとどまっていましたが、ソ連崩壊後の一九九二年、五三件にも達することになります。その後、全体として減少傾向が続いていましたが、二〇〇三年のイラク戦争を経た二〇〇四年以降、再び増加傾向が見られます。これは、イスラム武装勢力に関連する紛争の増加であり、正しく対応することが求められています。

この問題は、日本のPKOへの関与が現在の路線の延長線上にある限り、憲法問題としてもきわめて重要です。なぜなら、現在の国連PKOは、住民を保護するため、みずから交戦当事者となり、武力の行使も辞さないというものになっているからです。どういう部隊であれ日本が自衛隊を派遣すれば、PKOの一員として交戦することは避けられず、交戦権を否定した現行憲法九条との矛盾をどうするかが問題になります。

しかし、日本では護憲派がそれを望んでいないというだけでなく、改憲派による改憲の根拠も、そういうものではないように思えます。改憲論の本道は、やはり「日本防衛」であって、わき道で議論することは改憲派も潔しとしないでしょう。

それよりも何よりも、実際にテロをなくしていく上で、日本が何をすべきかを考えた場合、交戦権を行使してテロ集団に対峙《たいじ》することだという結論にならないと思います。もちろん、テロ集団が保有する武器の種類やその行動から判断して、それとの対応が武力なしに可能だとは思いません。しかし、現在の対テロ戦略の行き詰まりをもたらしているのは、テロに武力で対応しているからというのではなく、武力で対応する国しかなくなっていることにあります。アメリカやNATO諸国だけでなく国連までも紛争当事者になっているのですから。

テロを終わらせていくためには（内戦一般も同じですが）、本章第2節で考察したように、どこかで紛争当事者の和解が必要になってきます。その和解を仲介する仕事は、紛争の当事者にはできません。幸いなことに日本は、ＰＫＯその他で自衛隊が海外で武器を使用することがなく、かろうじてまだ紛争当事者になったことがないと思われています。南スーダンではなりかけましたが、何とか撤退することになりました。

それなら、日本はそういう立ち位置を活かして、和解のために真剣な努力をすべきだと思うのです。それは、まさに戦争している当事者との間で仕事するわけですから、外交官がするのであれ、自衛官がするのであれ（国連ＰＫＯには非武装・丸腰の軍人が停戦を監視する仕事があります）、民間人がするのであれ、きわめて危険な仕事です。現地で和解に当たる日本人の命は危うくなります。一国平和主義に陥らず、自衛隊も含めて世界平和に積極的に貢献するという点で、これは改憲論に通じる要素があるのかもしれません。しかし、非武装の人間がする仕事なので、誰がやっても憲法で禁止された武力行使に至る可能性は皆無であり、護憲の立場でできることです。

護憲派は、そういう道を提唱すべきでしょうし、みずからも可能な範囲で参加をすべきでしょう。改憲派にも賛同してもらえると思うのですが、どうでしょうか。

第三章　共産党は憲法・防衛論の矛盾を克服できるか

本章は、共産党の憲法九条論とそれに関連する安全保障論を、過去の歴史にさかのぼって明らかにしようとするものです。なぜこの本で扱うかと言えば、「改憲的護憲論」を検討する上で、共産党の憲法・防衛論の分析は欠かせないと思うからです。

共産党の憲法・防衛論は過去も現在も矛盾に満ちています。侵略されれば自衛するという見地を維持してきた点では、非武装中立派と一線を画してきたのであり、専守防衛派と通じる面があります。自衛措置をとるためには実力組織が不可欠となるのが常識であって、共産党は、立憲主義を貫く見地から、九条をそのままにすることはできないと考え、改憲が必要だと主張していた時期もありました。しかし現在は、将来にわたって九条を堅持するという考え方に転換し、安倍首相の加憲論にも反対しています。一方、侵略されれば自衛隊を使うとも述べており、違憲の自衛隊を使うのかという立憲主義にかかわる問題に直面しています。

要するに共産党は現在、専守防衛的な見地に立つと同時に、護憲の立場を貫きたいとも考えている点で、本書で論じてきた「改憲的護憲派」の代表格のような存在なのです（共産党自体は「違う」と言うでしょうが）。共産党が抱えてきた苦悩を分析することは、改憲的護憲論が矛盾を乗り越えて前進する上で、必要な教訓を提示してくれるでしょう。

私は、一九九四年から一二年間ほど、共産党の政策委員会で安全保障を担当しており、安保外交部長という役職を与えられていた時期もあります。その点では、自分自身が矛盾のまっただ中で格闘してきたわけで、共産党が抱えてきた問題は他人事ではなく、リアリティを持った分析ができると確信しています。

1 「中立自衛」政策のもとでの矛盾と葛藤

社会党の「非武装中立」政策は一貫していた

護憲派というのは昔もいまも「非武装中立」政策をとっていると考える人がいます。しかし、本書の第一章で論じたように、憲法制定議会において、九条は自衛権をも否定したとする吉田首相に対して、自衛権を放棄してはならないことを説いたのは、共産党の野坂参三でした。自衛権を擁護する見地から現行憲法に反対した唯一の政党が共産党です（その後、政府によって自衛権保持が明確にされたとして、態度を変更します）。

また、護憲派と言えば非武装中立が当然という風潮のなかで、九〇年代半ばまでの共産党は、みずからの安全保障政策を「中立自衛」政策と呼んでいました。この二つは「中立」という点では一致しています。ここで言う中立とは、日米安保条約を廃棄することと同義語でした。西側と東側が存在をかけて軍事的に対峙していたなかで、安保条約があるから日本が戦争に巻き込まれるのであって、安保条約を廃棄して中立を選択することが日本の平和にとって大事だという考え方でした。

しかし、似ているのは、ここまでです。「いろいろ努力してもなお侵略されたときはどうするのか」という点では、非武装中立と中立自衛の二つの政策はまったく異なりました。というより、社会党が掲げていた非武装中立への徹底的な批判のなかで生まれ、鍛えられたのが、中立自衛政策だったとも言えます。

社会党の非武装中立政策は、第一章で論じたように、憲法九条が戦力を認めていないわけですから、護憲の見地から自衛隊をなくすというものでした。いま流行の立憲主義の考え方からすると、憲法に反する自衛隊を保有することなど、護憲の立場からはできようがありませんから、それ以外に選択肢はなかったでしょう。

ただし、憲法論からはそうであっても、政策論は別問題です。実際に日本の平和を脅かす問題があれば、憲法通りにはいかないということもあったはずです。しかし、社会党は、政策的にも非武装が大切だと考えました。武器を持たない日本こそが平和になるという考え方に立ったのです。

こうして、社会党においては、憲法への態度と安全保障への態度は一貫していたわけです。矛盾がなかったのです。ただし、これも第一章でふれたように、侵略されたら場合によっては「降伏する」と言わざるを得なかったわけであり、矛盾がないからといって国民から信頼されるわけではありませんでした。

現実の危険がない場合でも防衛政策は必要

こういう社会党に対して、九〇年代初頭までの共産党は、立憲主義を守ることも大事だが、国民の命を守ることも大事だと捉えていました。そして、国民の命を守るためには、実力組織が必要だと考えていました。しかし、その両者は簡単には両立するようなものではないので、いろいろな矛盾を抱え込むことになったのです。詳しく見てみましょう。

共産党は、日本が対処すべき安全保障上の危険は二つあるとしました。一つは、社会党と同様、安保条約があるから生まれる危険ですが、それだけではありません。不破哲三書記局長（当時）は、「もう一つは、これはいま現実にある危険ではないが、世界になんらかの不心得な国があらわれて日本の主権をおかす危険、この両方にたいして明確な対処をしないと安全保障の責任ある政策はだせません」（日本記者クラブでの講演、一九八〇年）と主張しました（なお、本稿で引用する共産党の文献は、とくに明示しない限り、日本共産党中央委員会出版局から一九八〇年に刊行された『日本の安全保障への道――日本共産党の独立、平和、中立・自衛の政策』に所収の論文から）。

後者の危険への対処が強調されたのは、大事なことだと思います。安全保障というと、「どの国が日本を侵略するのか？」という問題が設定されることが少なくありません。しかし、それを前提にしてしまうと、「あの国だ！」と特定すればその国との間でかえって軋轢《あつれき》を生み出し、安全を保障するという目的に逆行する場合があります。他方で、「どの国にも現実には危険がない」と断定してしまえば、防衛政策は不要だということになりかねません。

安全保障政策というのは、現実の危険性を明示しない（できない）場合であっても欠かすことはできないと、共産党は考えていたのです。実際には特定の国による危険があり、その除去を想定して訓練などをするような場合であっても、表向きは理論的な問題と位置づけて考えるべきものだということです。

侵略者に屈服せず自衛権を行使する

それでは、日本の主権が侵された場合、実際にどうするのか。まず、国家というのは自衛権を持っており、日本国憲法のもとでも侵略された際に自衛権を行使するのは当然だという立場が明確にされます。それは憲法制定議会でも共産党が表明したことですが、政策としても、いまから半世紀近く前に明らかにされています。

「（自衛権は）自国および自国民にたいする不当な侵略や権利の侵害をとりのぞくため行使する正当防衛の権利で、国際法上もひろく認められ、すべての民族と国家がもっている当然の権利である」（「日本共産党の安全保障政策」、一九六八年、傍点は引用者）。

では、侵略されたらどうするのか。まず、抽象的に言えば、「可能なあらゆる手段を動員してたたかう」ということです。

「憲法第九条をふくむ現行憲法全体の大前提である国家の主権と独立、国民の生活と生存があやうくされたとき、可能なあらゆる手段を動員してたたかうことは、主権国家として当然のことであります」（『民主連合政府綱領についての日本共産党の提案』について」、一九七

三年、傍点は引用者）

このように、共産党の安全保障政策の基礎となる考え方の一つは、「あらゆる手段」で「国民の命を守る」ということでした。社会党のように、「デモ、ハンストから、種々のボイコット、非協力、ゼネスト」で抵抗することも含まれていたでしょうが、「降伏した方がよい場合だってある」などというものではなかったのです。非武装中立に対する中立自衛には、侵略者に屈服することはしないという意味が込められていたのです。

このような主張を共産党がしていることに対して、社会党は当時、きびしい態度をとります。石橋政嗣氏は、「再軍備論者、防衛力増強論者たちが、最後の障害物を取り払うために、社会党にたいし集中的に攻撃を加えてきている」なかで、「日本共産党までが、一定の条件の下における武装の必要性を強調し、彼らに絶好の口実を与えてしまった」と批判を浴びせていました（前出『非武装中立論』）。軍備増強に加担しているという批判です。

非武装中立と中立自衛が相容《あいい》れなかったことはお分かりいただけるでしょう。社会党と共産党はこの点では公然と批判し合い、党員同士も現場で対立していたのです。

憲法九条の改正も展望して

「国民の命を守る」ということに加え、共産党が安全保障政策（それ以外の政策も同様ですが）を立案する上で基礎となるもう一つの考え方がありました。それは「立憲主義を守る」ということです。憲法に合致した手段で戦うということです。そして、この二つの考え方の両方を貫こうとするため、「可能なあらゆる手段」の内容に、いろいろな制約が課されてきたのです。

まず、侵略された場合、実力組織なしに対抗できないというのが共産党の考え方ですから、戦力の保持を否定した憲法九条のままではダメだということになるのは当然です。いまではこんなことを覚えている共産党員は皆無でしょうが、当時、共産党にとって、憲法九条は平和主義と相容れないという認識でした。

「将来日本が名実ともに独立、中立の主権国家となったときに、第九条は、日本の独立と中立を守る自衛権の行使にあらかじめ大きな制約をくわえたものであり、憲法の恒久平和の原則をつらぬくうえでの制約ともなりうる」（「民主主義を発展させる日本共産党の立場」、

『日本共産党と憲法問題』所収、新日本出版社、一九七五年、傍点は引用者）

九条では恒久平和を貫けないというわけです。その結果、当然のこととして、憲法九条を改定することが展望されていました。

「（日本が）軍事的な意味でも、一定の自衛措置をとることを余儀なくされるような状況も生まれうる」（したがって）「必要な自衛措置をとる問題についても、国民の総意にもとづいて、新しい内外情勢に即した憲法上のあつかいをきめることとなるであろう」（前出「日本共産党の安全保障政策」、一九六八年、傍点は引用者）

「憲法上のあつかいをきめる」というのは憲法を改正することに他なりません。当時、毎日新聞社主催で各党が安全保障政策を議論し合う企画があったのですが、自民党の中曽根康弘氏が「第九条はなくなるんですか、変形されるんですか」と聞いたのに対して、宮本顕治書記長（当時）は、自民党のような「ゴマカシ解釈は政権をとったからといってもやらない」として解釈改憲を批判しつつ、次のように答えています。

「最小限、文字どおり自衛で、節度のある防衛に限定して軍隊を持ちうるという規定を適当な方法で考慮する」（毎日新聞社編『〝共産党政権下〟の安全保障』毎日新聞社、一九六九年）。

さらにこの場で、宮本氏は、徴兵制ではなく志願制とすることにまで踏み込んでいました。

当面の方針は「憲法改悪阻止」

こうして九条を改正するという見地を貫くなら、それはそれで矛盾はないことになります。そうしてしまえば、社会党の非武装中立とは反対の意味で、すっきり単純なことになったでしょう。しかし共産党は、九条の改正は将来のことだと位置づけ、当面は変えないという態度をとるのです。

その理由の全体は複雑であって、理解してもらうのは簡単ではありません。ここでは、分かりやすい二つのことだけを紹介しておきます。

一つは、当時、共産党が連合政府の相手として想定していたのが社会党だったことに関係します。社会党は、先ほど紹介したように、九条を変えるつもりはないし自衛隊は廃止する、そもそも憲法の全体を守るのだという立場でした。そして、その社会党は共産党と比べて、多数の議席を誇っていました。ですから共産党は、社会党との連合政府は、社会党の主張に沿った政府になるという判断をしたのです。憲法改正には手をつけず、自衛隊は縮小し、やがては廃止することになるということでした。

もう一つは、当面は九条改正に危険性があったからです。当時、自民党が九条を変えようとしていて、改憲問題が政治の焦点となっていたわけですが、自民党の改憲の目的は、現在では誰の目にも明らかなように、集団的自衛権の行使にありました。つまり、九条の改憲が政治の舞台で問題になる場合、当面の焦点はそこに存在していたのであって、共産党も改憲だということを強調してしまうと、自民党の改憲論を勢いづかせることになりかねませんでした。焦点にすべきは、自民党による「憲法改悪阻止」だという判断があったのです。

当時、共産党は、「護憲」という言葉を使いませんでした。その言葉を使ってしまうと、将来は憲法を変えるという立場をあらわしきれないからです。共産党が使っていたのは、「憲法改悪阻止」という言葉でした。九条に自衛の見地を書き込むことをはじめ、憲法を良いものにするのは賛成だが、自民党のように改悪するのには反対だという気持ちが、その言葉には込められていたのです。

なお、共産党が変えようとしていた憲法条項は、九条だけにとどまりませんでした。人権条項を豊かにすること、私有財産規定に制限を加えること、天皇条項を廃止することなども提起していました（前出「民主主義を発展させる日本共産党の立場」）。それらはすべて現在の方針とは異なりますが、その理由は、本書の主題から外れますので、論じません。

律儀に解釈した結果、矛盾が広がる

この結果、自衛隊の扱いについて言うと、次のようになります。当面の社会党との連合政府では、自衛隊は縮小し、最終的には廃止されます。そして、共産党が主導するような将来の政府ができれば、憲法を改正することによって、新しい自衛戦力をつくるということです。

そういう考え方の場合、いろいろな段階を経ることになるわけですが、侵略されたときの対処はどうするのか。冒頭に紹介したように、「可能なあらゆる手段」で反撃するのが基本なのですが、その手段はどうなるのか。

自衛隊の縮小過程においては、まだ自衛隊も存在しているわけですから、「可能なあらゆる手段」の中心は自衛隊だということになるでしょう（そう明言した文献はありませんが）。

しかし、廃止してしまったあとは、それこそ警察力しかなくなります。けれども、やがては国民の多数が憲法改正に賛成するような新しい局面が生まれ、その段階では、新しい自衛戦力が「可能なあらゆる手段」の中心になるというものでした。

自衛隊違憲論に立つ政党が、立憲主義を大切にすることと、国民の命を守ることと、その両者を律儀に貫こうとすると、それ以外に選択肢はなかったと思います。憲法九条を守ろうとする政府に参加している限りは、自衛隊は廃止することになります。一方、自衛のための実力組織が必要だという見地に立てば、九条を変えるしかありません。

しかし、これは、大きな矛盾を抱える方針でもありました。これらの過程を「国民の総意」で進めるというわけですが、いったんは自衛隊の縮小から廃止へと向かった国民の総意が、その後に再び自衛戦力の結成へというように、相矛盾する方向に動くものなのかということです。現実にはあり得ない想定でした。あり得るとしたら、共産党が政権をとったら、突然、日本が侵略の危機に直面するような場合であって、共産党政権が平和外交に失敗するという想定と言われても仕方がなかったのです。

自衛隊廃止の期間を最短化することを提唱

私は、当時の共産党の指導者たちがこの矛盾について心の底で何をどう考えていたのか、よく知りません。しかし、推測に過ぎないとはいえ確信を持っているのは、共産党がめざしていた社会党との連立政府において、国民の多数が自衛隊の縮小はともかく、その廃止に納得するとは考えていなかっただろうということです。期限を明確に言えないほどの長期間にわたって、自衛隊を保持することになるだろうと思っていたのではないかということです。

その推測には根拠があります。一九八〇年に出された政策（「八〇年代をきりひらく民主連合政府の当面の中心政策」）において、「（社会党との連合政府のもとで）独立国として自衛措置のあり方について国民的な検討と討論を開始する」としたからです。

これは意味がつかみづらいと思います。この連合政府は、連合相手である社会党の考え方を尊重し、憲法の全体を尊重する政府だという位置づけでした。ですから、憲法改正をするような政府でないのは当然なのですが、それまでは憲法改正問題の「検討と討論」もしないとされてきたのです。しかし、一九八〇年の新しい政策によって、「検討と討論」だけはするように態度を変更したということです。

ここには立憲主義をどう理解するかという問題がかかわってきます。言うまでもなく憲法九九条は、大臣、国会議員その他公務員に憲法尊重義務を課しています。その憲法のもとで、しかも憲法を尊重すると宣言している政府が、憲法改正の「検討と討論」を提起できるのかということです。

共産党はそこを律儀に解釈して、社会党との連合政府では、憲法改正問題の議論もしないとしてきたのです。しかし一方、共産党自身は自衛組織が必要だし、自衛戦力が存在しない状態を国民が黙認することはないと考えているのです。ですから、この政府が自衛隊廃止に向かえば、国民の支持を失うことになると共産党は判断したのです。

この政策が出された記者会見で宮本顕治委員長（当時）は、「安保なきあとの自衛隊をどうするかということについて、いままでになく立ち入った」と述べました。まだ自衛隊が縮小しつつも存在している間に議論を開始し、自衛戦力の必要性について「国民の総意」を形成することによって、憲法を改正する段階の将来の政府が、すぐに自衛戦力の結成に着手できるようにしたというのが、「立ち入った」ことの核心でした。それによって自衛戦力の存在しない期間を最短化することを示し、国民の理解を得ようとしたのです。当時の共産党は、それほどまでに自衛戦力の必要性を自覚していました。国民もまたそれを求めていることを、共産党は理解していたのです。

2　憲法九条を将来にわたって堅持する時代の矛盾

憲法九条に対する態度の大きな転換

中立自衛政策は、一九九四年になって大転換します。この年、共産党の最高決定機関である党大会で、憲法九条を将来にわたって堅持する方針を打ち出したのです。

「憲法九条は、みずからのいっさいの軍備を禁止することで、戦争の放棄という理想を、極限にまでおしすすめたという点で、平和理念の具体化として、国際的にも先駆的な意義をもっている」、「憲法九条にしるされたあらゆる戦力の放棄は、（中略）社会主義・共産

主義の理想と合致したものである」（第二〇回大会決議、一九九四年）

かつて「恒久平和の原則をつらぬくうえでの制約」としていた九条の評価を大転換させたのです。その理由は、第二次大戦後、戦争の危険を現実のものにしていた米ソの冷戦構造が終焉《しゅうえん》したということでした。実際、第二章で紹介したように、一九九〇年を境にして国家間の戦争は減少しましたから、意味のある転換だったと思います。

しかし、世界政治の枠組みが変わったといっても、ただちに戦争がなくなったわけではありません。共産党自体、ソ連の崩壊にもかかわらずアメリカの覇権主義は継続していることを理由に、「冷戦は終わっていない」という態度をとっていましたから、防衛努力が不要になる世界が来たという認識ではなかったはずです。

けれども共産党は、憲法九条を堅持するという新しい見地のもとで、侵略された際の実力組織の必要性についてもかつての態度を大転換します。「侵略されたらどうする」という問題への回答は、「警察力」で対処するのが基本だということになっていきます。

「急迫不正の主権侵害にたいしては、警察力や自主的自警組織など憲法九条と矛盾しない自衛措置をとることが基本である」（同前）

それまで批判をしていた社会党の「非武装中立」と同じ立場になったのです（石橋氏のように「降伏する」とまでは言いませんでしたが）。さすがに共産党として正式に、社会党と同じ非武装中立という用語を使って新しい考え方を説明することはありませんでした。ただ、上田耕一郎副委員長（当時、故人）などは、新聞のインタビューなどで非武装中立が新しい方針だと明言していました。

かつての立場との整合性が問われる

劇的な転換でした。そのため、自衛戦力が必要であり、憲法改正もするのだとしてきたかつての立場との整合性をどう説明するかは難問でした。それを説明した文献は一つしかありません。憲法の問題を担当していた共産党の幹部（小林栄三常任幹部会委員）が、この転換の過程において、次のようなことを書いています。

「今日では、なんらかの軍事力に恒常的に依存するといったことなしに日本の独立と安全をまもることが必要かつ可能であり、日本がそうすることが世界の平和にとっても積極的な貢献となること、この点で日本国憲法の規定は国際的にも先駆的な意義をもっていることが、いよいよ明白になってきている。将来における自衛措置の問題についての日本共産党のかつての提起も、もともとどんなことがあっても、かならず憲法を変えて自衛の戦力を保持するのだというのではなく、情勢と国民の総意によるというものであったが、今日では第九条の将来にわたる積極的な意義と役割をより明確にしておくことが重要である」

（『赤旗』評論特集版」一九九二年七月二〇日）

憲法改正をして自衛の戦力を保持するという方針は、もともと「かならず」というものでなかったというのです。もちろん、「国民の総意」がなければ憲法改正もできないわけであって、国民が支持しなければ憲法改正に踏み切ることはできなかったでしょう。しかし、たとえ現状では世論の支持が少なくても、努力によって「国民の総意」にするのが政党の活動なのです。日米安保条約をなくすという政策も、「国民の総意」なしには実現できませんが、だからといって「かならず」安保廃棄というものではないという言い方はできないでしょう。この論文が、憲法改正は正規の方針ではなかったと言いたいのなら、説得力を欠いていると思います。

共産党員は「九条を守れ」という立場で活動

ちょうどこの決定があった年、私は共産党の政策委員会に勤めることになり、しかも安全保障問題の担当者となりました。侵略には「警察力」で対処するという新しい政策を説明する立場になったのです。

それまで、共産党員の少なくない部分は、社会党の非武装中立政策を批判する立場にありました。社会党から非難されても、「国民の命を守る」ことへのこだわりがあって、中立自衛政策を掲げてきたのです。私自身、そこを納得できたからこそ、社会党ではなく共産党に接近したのです。

ですから、普通の共産党員ならば、この転換に戸惑うのが当たり前です。そのため、新しい部署に着任した私は、これをどう説明するか心配していました。ところが、共産党員からの質問、反発はほとんどありませんでした。

なぜ共産党員に戸惑いがなかったのでしょうか。おそらく、こういうことだと思います。

まず、中立自衛政策が確立する一九六八年以前から、共産党員や支持者の多数は、自衛隊を廃止したいと思っていました。第一章で紹介した小林直樹氏らによる世論調査では（一九六六年）、自衛隊を憲法違反だと考える人が、社会党支持者では二八パーセントだったのに、共産党支持者では七八パーセントと、比較にならないほどのものだったことを紹介しました。さらに、自衛隊が必要かどうかについて比較しても、社会党支持者は必要（五八・四パーセント）が不必要（二六・五パーセント）を大きく上回ったのに、共産党支持者ではそれぞれ二一・四パーセント、六八・七パーセントと完全に逆転していました。

つまり、社会党支持者は九条の理想をあくまで理想と捉え、現実には自衛隊を必要だと考えていたのに、共産党員とその支持者は理想をそのまま現実にすべきだという感覚でいたということです。なお、自衛隊を廃止する理由として、軍隊を拒否するという理想主義的な立場と同時に、共産党の場合、自衛隊から対米従属性を断ち切るには、いったん廃止することが不可欠だという認識の人も少なくなかったと思われます。

加えて共産党は、中立自衛政策を明確にして以降も、憲法改正はあくまで将来のことと位置づけていました。社会党との連立政府ができるかもしれないというのは（したがって自衛隊を廃止するということも）、当時の革新勢力の勢いからすると、共産党員にとってはそれなりにリアリティがあったでしょう。しかし、中立自衛政策が問題になるのは、その連立政府が終わり、共産党主導の政府ができるときです。そこまで先の話を現実のものと受けとめる共産党員は少なかったと思います。

その上、現実に焦点となっていたのは、「憲法改悪阻止」という課題でした。したがって共産党員は現場で、「九条を守れ」という立場で活動していました。何十年にもわたって日常的には九条を守る意義を語っていたわけです。社会党との間では、非武装中立か中立自衛かという激しい論争があっても、ほとんどの共産党員にとっては、遠い将来の中立自衛政策のことなど議論する場もなく、身近な問題でもありませんでした。その結果、多数の共産党員にとって、自分の党が憲法改正を展望していることなどは自覚されず、「共産党イコール護憲の党」という意識に満たされていったのでしょう。

自衛隊活用論への転換

しかし、侵略に対して「警察力」で対応するという一九九四年に確立した政策は、九条の理想に燃える共産党員の間ではともかく、さすがに国民の間では通用しません。私がいた部署は、選挙で国民に支持されるための政策をつくる部署だったので、国民と接触する機会が多いのです。「ミサイルが落とされたらどうするのか」という質問などが常に寄せられるのですが、それに対して当時、「警察力で撃ち落とします」などと言えるわけもなく、大会決定に忠実に「落とされないように外交努力をするのです」と答えながら、心のなかでは「このままでは通用しない」と思う日々が続くことになります。

そこに変化が生まれたのが六年後の二〇〇〇年です。この年、共産党は、自衛隊と九条の「矛盾を解消することは、一足飛びにはできない」として、自衛隊の解消が現実のものとなる過渡期には自衛隊を活用するという方針を全国大会で打ち出すことになります。

直接のきっかけとなったのは、テレビ討論会でした。出席した不破哲三氏が、侵略された際の対処について聞かれ、やり取りをしたわけですが、その結果をふまえ、外交努力をしてもなお侵略される場合、自衛隊を活用するという方針にしようということになったのです。いろいろな経緯がありますが、最終的には年末に開かれた第二二回大会で、以下のような内容が決議されます。

「（自衛隊と九条との）この矛盾を解消することは、一足飛びにはできない。憲法九条の完全実施への接近を、国民の合意を尊重しながら、段階的にすすめることが必要である」
「そうした過渡的な時期に、急迫不正の主権侵害、大規模災害など、必要にせまられた場合には、存在している自衛隊を国民の安全のために活用する。国民の生活と生存、基本的人権、国の主権と独立など、憲法が立脚している原理を守るために、可能なあらゆる手段を用いることは、政治の当然の責務である」（第二二回大会決議、二〇〇〇年、傍点は引用者）

安全保障政策としては合理的なものに

この新しい方針は、自衛隊の即時解消を求める平和運動家、党員には評判の悪いものでした。戦後すぐの混迷の時期は別として、共産党の全国大会は全会一致で方針が可決されてきましたが、唯一、この第二二回大会だけは異論が出た大会でした。

この時期、私は担当者だったので、共産党員が集まるいろいろな場所に説明のために出かけましたが、そこでも非難囂々《ひなんごうごう》の連続です。「憲法に違反するものを使うなんてとんでもない」、「自衛隊があるとクーデターで政権がつぶされる」、「外交に自信がないのか」等々、批判の渦のなかに飛び込んで行くようなものでした。

けれども、安全保障政策としては、非常に合理的になったと思うので、私は堂々と説明していました。かつての中立自衛政策のもとでは、すでに紹介したように、いったん自衛隊を廃止し、そのあとに新たにつくりなおすという、どう見ても不合理な道筋が想定されていたわけです。新しい方針によって、自衛隊を将来に廃止するにしても、それは国民が合意する範囲で、少しずつ進めればいいことになったのです。政策として合理性があるのです。自衛隊をなくしてしまえば侵略されたときに困るという不安が広範囲に残る限り自衛隊はなくさないのですから、「侵略されたらどうする」と聞かれれば、「あなたを含む国民の多数がそう思っている間は自衛隊をなくしたりしない」と答えればいいので、大きな批判は起こりようがないのです。

この新しい考え方は、確固として自衛するという点では、中立自衛政策の再来と言えるものでした。当時、不破哲三氏に、なぜ中立自衛と呼ばないのかと聞いたことがありますが、その答えは、「中立自衛政策は憲法改正と結びついた概念だったから、九条を堅持するという考え方のもとではふさわしくない」ということでした。それはそうかもしれません。ただ、共産党の場合、自衛組織がない場合でも、社会党のように「降参する」のではなく抵抗するわけですし、何を手段とするかは別にして、「自衛」という考え方はどの時期であれ一貫しているのだと思います。すでに共産党が改憲政党だという見方はなくなっているわけですから、再び「中立自衛」を看板にしてもいいような気はします。

この方向を進めることにより、自衛隊の即時解消を求める人たちの批判がなくなることはありません。それでも、最終的には解消するわけですから、目標の方向性では一致しているのです。

ですから、この方向に沿って共産党は進んでいくはずでした。私はそのための努力をしようと思っていました。

自衛隊活用論の精神に立ったいくつかの努力

実際、この直後の時期、自衛隊活用論の精神に立った努力があったと思います。それ以前のように軍事力を完全に否定するという政策ではなくなります。いくつか紹介しましょう。

九〇年代になって自衛隊が海外に派遣されるようになって以降、共産党は派遣の度に反対を表明していました。一九九四年以降の六年間は、日本が侵略されたときでさえ警察力で対応するという時期もあったわけですから、ましてや自衛隊の海外派遣に賛成するということにはなりません。

しかしまず一九九八年、自衛隊が災害救援のためにホンジュラスに派遣されたとき、別の対応をとりました。この派遣は、実績をつくって自衛隊の認知度を高めるという意図を持ったものではあったでしょうが、だからといって人を助ける活動に反対するとなれば、それもおかしなことです。このときは、マスコミに態度表明を求められ、内部でいろいろな論争はありましたが、「どんな問題でも態度を述べるわけではない」として、賛否を表明しないという態度をとりました。最終的に二〇〇四年のスマトラ沖大地震の際の自衛隊派遣に際して、「反対しない」ことを明確にしました。その後は、ＰＫＯも含め、個別に判断するようになりました。

二〇〇一年の９・11同時多発テロに際しても、テロにどう対応するのかが問われました。初期には、事件の首謀者とみなされたビンラディンがアフガニスタンに匿われ、国連安保理の引き渡し要求に対してもタリバン政権が拒絶するという態度をとるので、国連の経済制裁や軍事制裁が議論され、どうするべきかが議論されます。

共産党はこの問題でその年の一〇月一一日に書簡を出しています。そのなかで、タリバンが身柄の引き渡しを拒否してきた場合の対応として、まず「国連憲章第四一条にもとづく経済制裁などの『非軍事的措置』をとるべき」としつつ、それでも不十分だと国際社会が認めた場合には、「第四二条にもとづく『軍事的措置』をとることも、ありうる」と明確にしました。軍事的な対応はいっさい拒否するという態度はとらなかったのです。

日本の防衛にかかわる問題でも

自衛隊の海外派遣や国際テロへの対応だけではありません。日本の防衛にかかわるような分野でも新たな努力がありました。その代表的なものとして、二〇〇一年秋の国会で、海上保安庁法改正案に賛成したことがあげられます。

北朝鮮の不審船のことは早くから問題になっていました。密輸入にかかわっているという疑いだけでなく、拉致の実行にも関係しているわけですから、非常に重大でした。

しかし、一九九九年に問題になったことですが、不審船を発見し、海上保安庁が出動しても、自衛隊が警備行動の任務をもって出動しても、捕獲することができないでいました。不審船に対して警告射撃をしても、不審船は非常に高速で、かつ高度に武装していて危険もあり、任務が遂行できないのです。警察であっても、容疑者が武器を持って逃走するような場合、警告射撃をしてもなお逃走すれば、容疑者に危害を与えても罪に問われないのですが、それが海上には適用されていなかったのです。

そこでこの国会では、不審船に法令違反などの疑いがあり、かつ停船命令を出しても抵抗・逃亡しようとする場合に、最終手段として、人に危害を与えても罪に問われない「危害射撃」を認める要件を定める法改正が提起されたのです。具体的には船体への射撃を認めるということです。

共産党は、それまでも海上保安庁の不審船捕獲能力を高める立場から、巡視船の高速化、大型化を求めてきました。それに加え、この法案にも賛成したのです。実力行使を強化することに共産党が賛成したのはこれが唯一であると思います。

もちろん、自衛隊を活用することで、新たな矛盾は生まれます。憲法九条も守るし、国民の命も守るということで、聞こえはいいのですが、違憲と認識している自衛隊を保持し、活用するわけですから、立憲主義との関係をどう整理するのかという問題に回答が求められるようになったのです。

ただ、その問題にどう対応するかを除けば、探究すべきは自衛隊の活用の仕方だけとなるはずでした。二〇〇〇年以降、自衛隊活用論をどう深めるべきか、こうした方向をどう具体化すべきかが、共産党にとって大事だと私は考えました。そういう立場で政策をつくり、講演をしたり、論文を書いたりしていました。しかし、そう簡単なものでなかったことは、すぐに明らかになってしまいます。

3　どうやったら矛盾を乗り越えられるか

党機関誌への論文寄稿をめぐって

共産党が地方議員向けに発行している「議会と自治体」という月刊誌があります。その二〇〇五年四月号に、私は、「九条改憲反対を全国民的規模でたたかうために」という論文を寄稿しました。巻頭論文です。

寄稿といっても、ある幹部が予定していた原稿が締め切りに間に合わず、直前になって編集部から依頼があり、一日で仕上げたものです。しかし、日常的に考え、話している延長線上のものでしたので、すぐに書き上げることができました。

論文ではまず、憲法をめぐる争いが、「自衛権や自衛隊のことを明記しよう」と言っている改憲派と、それに反対する護憲派の対立構図になっていることを捉え、「表面上（中略）、自衛隊に賛成する勢力と反対する勢力が争っているかのように見えて」いると分析しています（九条加憲論の登場を予想していたかのようです）。そして、国民の目にそう映ってしまうと、自衛隊を支持する国民感情から遊離するとして、次のように主張したのです。

「現在、自衛隊の保有と活用を当然だと考える立場は、国民のふつうの感情に根ざしています。九条を守る運動が、こういうふつうの感情を否定的に見たり、ましてや軍事優先論と同一視したりしていては、圧倒的多数を結集する運動にはならないでしょう。

私たちは、こういう人びとにたいし、自衛隊はできるだけ持たないようにしようとか、侵略に対抗するのに自衛隊を使わない方がいいとか、そんなことで一致点をひろげるのではありません。自衛隊を活用するという点では、気持ちを共有していることを、率直に表明するのです。そのうえで、日本を海外で戦争する国にしないために、いっしょに九条を守ろうと呼びかけるのです。九条二項に自衛隊を書き込むのには反対するけれども、それは自衛隊の存在と活用を否定する立場からでなく、海外での戦争につながるからだということを、繰り返し説得し、協力関係をつくりあげるのです」

共産党は、最終的には自衛隊をなくす方針である点では非武装中立論者とも共感できるし、当面、自衛隊を活用するという点では専守防衛論者とも共感できます。であるだけに、幅広い護憲運動を構築する上で、共産党の役割が決定的であることを強調するものでした。

自衛隊活用は将来の話だった

この論文は大きな反響を呼びました。共産党というのは、四七の都道府県組織の下に地区委員会という組織があるのですが、そのなかには、「議会と自治体」読者だけに読ませるのはもったいないとして、印刷して「しんぶん赤旗」日曜版読者全員に配るところもありました。

ところが、共産党の日常の指導機関である常任幹部会からは、きびしい批判が寄せられることになります。予想外の批判でした。

どういう批判だったか。それは一言で言えば、共産党が二〇〇〇年の第二二回大会で決めた自衛隊の活用という方針は、ずっと将来の段階のものであって、現在も含めて「侵略されたら自衛隊を活用する」と一般化する私の立場は、大会決定と相容れないというものでした。ですから、その誤りを認めて自己批判文書を書き、次号の「議会と自治体」に掲載せよということでした。

この批判を理解してもらうには、時計の針を第二二回大会に戻さなければなりません。この大会は、前節で述べたように、憲法九条と自衛隊の矛盾を解消することは「一足飛びにはできない」としたわけですが、具体的には三つの段階を通ると述べています。

第一段階は日米安保条約を廃棄する以前の段階であって、海外派兵の拡大などを許さないことが焦点になります。第二段階は日米安保条約を廃棄したあとの段階で、自衛隊の政治的中立性の徹底など民主的改革を加える段階です。そして第三段階が自衛隊の解消に進む段階で、アジアの平和の安定と九条完全実施への国民合意の形成に応じて前に進むというものです。

そして、大会決定は、自衛隊が残っている「過渡期」には自衛隊を活用するとしていたわけです。しかし、常任幹部会の私に対する批判によれば、その活用時期は第二段階のみのものであって、第一段階は含まないということだったのです。

大会における修正によって将来の課題にしたとの説明

たいへん意外な批判でした。大会決定がされて以降の五年間、そういう説明は聞いたことがなかったからです。この問題の担当者である私が知らないわけですから、ほとんど誰も知らなかったでしょう。

ところが、政策委員長（当時）の小池晃氏によると、大会決議の案の段階では第一段階も含むと誤解されるような表現があったが、そこを大会期間中に修正したのであって、最終的に決議されたものは第二段階のみと解釈できるようになっているということでした。

たしかに、この決議には、まず次のような修正が加わっていました。

「（前略）これは一定の期間、憲法と自衛隊との矛盾がつづくということだが（中略）矛盾を引き継ぎながら、それを憲法九条の完全実施の方向で解消することをめざすのが、民主連合政府に参加するわが党の立場である」

第一段階はまだ共産党のめざす政府ができていない段階です。そして、第二段階に共産党の主張する日米安保廃棄の「民主連合政府」をつくるのです。大会での修正では、このように「民主連合政府」にまつわる文章を追加した上で、続いて「そうした過渡的な時期に、（中略）自衛隊を国民の安全のために活用する」となっているのです。これは、「そうした過渡的な時期」とは、「民主連合政府」の時期であることを示すための修正だというのが、小池氏の説明でした。小池氏はこの大会決議の作成に関与していないのですが、この決議を起案して党大会に提出し、修正を主導した志位和夫委員長がそのように「有権解釈」をしているというものでした。

なお、これら私に対する批判は、常任幹部会における志位氏の表明を、小池氏が私に伝えるというかたちで行われました。私もそれに対して反論しましたし、それに対して小池氏が再反論するということもあり、私に伝わったのは必ずしもすべてが志位氏の意見そのものではなかったかもしれません。

ただ、自衛隊の活用は民主連合政府以降というのは、当時の常任幹部会の一致した見解だったことは疑いありません。当時、政策委員会で一緒に活動し、小池氏の発言をつぶさに聞いていた筆坂秀世氏が、『日本共産党』（新潮新書、二〇〇六年）という本で、以下のような説明を受けたと書いています。この本は、出版直後に共産党関係者から嵐のような批判が寄せられたものですが、この部分は批判の対象となっていません。

「自衛隊活用論というのは、民主連合政府ができた段階のことであり、現在のことではない。換言すれば民主連合政府ができるまでは、侵略があっても自衛隊活用には反対する。いま憲法改悪反対闘争の核心の一つは、『自衛隊反対』である――というのだ」

「自衛隊反対」が現在の共産党の主張の核心だというのは、私は聞いていません。しかし、自衛隊活用という方針が将来のことだというのは、一貫した説明でした。

大会における修正理由では明示されていなかった

大会における修正によってそうなったのだというのは、よほどの深読みができる人でないと、理解しづらいことでしょう。少なくとも、この問題での政策委員会の担当者であった私がそう読めなかったし、理解もできなかったのですから。

読解力の不足だとも思いません。この大会の最終日、この部分をなぜ修正したのかという理由が、志位氏より三つ示されましたが、そのような説明はされていないからです。

志位氏があげた理由の一つは、「自衛隊の段階的解消という方針と日本国憲法との関係についての解明を、報告をふまえて、決議案に明記した」ことです。そして二つ目は、「『必要にせまられた場合』について、『急迫不正の主権侵害、大規模災害など』と具体的に述べた」ことです。さらに三つ目は、「活用することは当然である」というと憲法上当然と言っているように誤解されるので、表現を工夫したということです。

どの修正理由にも、「自衛隊の活用は民主連合政府の段階」であることを明確にするためという説明はありません。それに、たとえそういう趣旨で修正がされていたとしても、どの段階であれ日本が侵略されたらどうするのかと言えば、当然自衛隊で反撃することになるでしょうから、大会決定が明示的にそれを否定していない以上、「侵略されたら自衛隊が反撃すると言える」と私は主張しました。しかし、大会決定を主導した人たちがそう解釈しているのですから、それが覆ることはありませんでした。

自衛隊違憲論を明記しなかったことへの自己批判

小池氏と私の議論は平行線をたどります。私は侵略されたら自衛隊を活用するという立場を譲るつもりはありません。一方の小池氏は、私とのやり取りのなかで、「僕だって、侵略されたら自衛隊で反撃すると言いたいですよ。しかし、大会決定を作成し、修正した責任者が言っているのですから、それ以外、解釈の仕様がないじゃないですか」というような立場の方だったので、私に対する批判が甘くなったかもしれません。

自己批判の期限（「議会と自治体」の翌月号）は刻々と近づいてきます。そこで私は、自己批判はできないから、どなたか幹部が私を批判する論文を書いたらどうかと提案します。それに対して、再び常任幹部会での議論があり、次に出されてきたのは、自衛隊の活用をめぐる意見の相違は引き続き議論することとして、一点に限って自己批判せよというものでした。具体的に言うと、この長い論文のなかに自衛隊が憲法違反だという言葉が出てきておらず、そういう基本認識を欠いたものになっていることは問題だということでした。

私の論文では、「九条には自衛権が明文で規定されておらず、それどころか『戦力をもたない』とまで書かれている」と述べていました。それに続いて、「（政府が）〝自衛のための組織は戦力ではない〟と強弁し、自衛隊をつくった」と書いています。さらに、「（共産党が）自衛隊を段階的に解消することをめざしています」との記述もあります。

そういう点では、自衛隊が憲法に違反していることは当然の前提としているつもりでしたが、たしかに「自衛隊は違憲」という言葉はありません。そこで、次号で、「自衛隊が憲法違反であると明記された箇所がありません。それを明記しないまま」にいろいろ論じているとして、「党の基本的な見地と異なる」、「正確ではなかった」と自己批判したのです。

その後、継続審議となった自衛隊活用問題について、引き続き議論することを申し出ました。私としては自分の見解は変わらないが、もし大会における修正がそのような意味を持っているなら、次の大会でそれを明確にすべきだと、この問題の担当者であった和泉重行常任幹部会委員（当時、故人）に対して主張しました。しかし、次の大会（二〇〇六年一月）では、この問題は取り上げられませんでした。

退職とその後

その年の秋、私は退職を申し出ます。翌日、私の申し出を議論するため、臨時の常任幹部会が招集されたのには驚きましたが（在職中、最初の経験でした）、退職は認められます。

その後、私なりの防衛論などを活字で発表しつつ、共産党の憲法・防衛論を見続けてきました。民主連合政府になるまで自衛隊の活用はしないという方針は、いろいろな軋轢を生んだようでした。

たとえば二〇一一年の東日本大震災です。さすがにあの大災害に直面して、自衛隊の派遣に反対するようなことは誰であれできませんでしたが、それでもいろいろ問われることがあります。多くの駐屯地から自衛隊が派遣されるわけですから、戻ってきた自衛隊をどうねぎらうかという問題も生じます。ところが、ある共産党の県組織が駐屯地を慰労に訪れたいと考え、その旨を中央委員会に申し出たところ、却下されたということもありました。当面は自衛隊の活用をしないという考え方のもとでは、そうなるのが当然だったのかもしれません。

ところで私は退職にあたり、小池氏から、「自衛隊問題での意見の違いは留保して活動してほしい。実践を通じて何が正しいかが明らかになるというのが共産党の立場だ」と言われました。その通りだと思い、自分なりの自衛隊論、憲法論を盛り込んだ書籍を上梓《じょうし》するなどのことはしてきましたが、共産党とこの分野で意見が違うことは、活字にしてきませんでした。共産党の規約は、「党の決定に反する意見を、勝手に発表することはしない」とされています。それなのに、いまなぜ活字にして発表しているのか。それは、私の意見が「党の決定に反する」ものでなくなったからに他なりません。

地方から起きた共産党の変化

退職から八年近くが経過した二〇一四年の夏、集団的自衛権の行使を一部容認する閣議決定がありました。翌年、新安保法制反対で日本国中が沸き立ちました。その経過のなかで共産党にもいろいろな変化がありました。

二〇一四年の一一月、京都府の舞鶴市で市議会議員選挙があり、共産党は三人から四人へと前進しました。選挙を前にして、共産党の舞鶴地区委員会が出した看板は、「自衛隊員の生命を全力で守ります」というものでした。舞鶴と言えば海上自衛隊の大きな基地があるところで、このようなアプローチが必要だと、現場の共産党は判断したわけです。

翌月、総選挙がありました。共産党から茨城六区（つくば市や土浦市など）で立候補したのは、かつて陸上自衛隊の霞ヶ浦駐屯地におられた、有事には戦地に赴く後方支援部隊の三曹でした。共産党の中央機関紙「しんぶん赤旗」には、演説が掲載されていましたが、「日本の平和を守るための専守防衛、時には東日本大震災のような未曾有の災害に身をていしての救援活動——。どれも国民のための重要な任務であり、誇りでした」として、集団的自衛権の閣議決定は「就業規則違反」のようなものだと批判するものでした。災害救援だけでなく「専守防衛」も誇りだとする自衛官を候補者に据え、それを堂々と「しんぶん赤旗」に掲載するようになったのです（落選して翌年、市議会議員に当選）。

東日本大震災の被災地で選挙が行われる場合も、共産党は、新安保法制で自衛官が駆けつけ警護の任務を与えられることなどを捉え、「震災でお世話になった自衛官を戦場で殺すな」と訴えることが増えます。自衛官に対する温かみが伝わり、評判が良いとされます。

当面も自衛隊を活用するという方針への転換

変化は全国レベルでも起こります。新安保法制が可決された直後、共産党は野党共闘による「国民連合政府」構想を発表します。これは、新安保法制を廃止し、集団的自衛権行使を認めた閣議決定を撤回するという限定的な仕事をする政府とされていますが、政権を担う以上、いろいろな問題にどう対応するかが問われます。共産党の志位委員長は、国民連合政府は安全保障をどう考えるという質問に答え、次のように述べました（外国特派員協会、二〇一五年一〇月一五日）

「つぎに『国民連合政府』が安全保障の問題にどう対応するかというご質問についてです。私たちは、日米安保条約にかかわる問題は、先ほど述べたように、連合政府の対応としては『凍結』という対応をとるべきだと考えています。すなわち戦争法廃止を前提として、これまでの条約と法律の枠内で対応する、現状からの改悪はやらない、政権として廃棄をめざす措置はとらないということです。

戦争法を廃止した場合、今回の改悪前の自衛隊法となります。日本に対する急迫・不正の主権侵害など、必要にせまられた場合には、この法律にもとづいて自衛隊を活用することは当然のことです」

共産党は、これまで紹介してきたように、自衛隊を活用するのは日米安保条約をなくす民主連合政府の段階だとしてきました。それ以前の段階で自衛隊を活用するというのは大会決定に違反するという立場だったのです。一方、国民連合政府とは、日米安保条約を維持する政府です。日米安保条約が存続する政府のもとでも、侵略されたら自衛隊を活用するということです。

大きな転換です。自衛隊活用は民主連合政府の段階と決めた（そう有権解釈した）はずの二〇〇〇年の大会決定との整合性が問題になります。大会決定を今後修正するのか、あるいは当面の段階も含むというのがこの大会決定だと解釈し直すのか、それは分かりません。漏れ聞くところでは、「そんな有権解釈はしていない」ということになりそうですが、結論は受け入れられる内容なので、個人的な感情をオモテに出すことは止《や》めておきます。

「国民の命を守るために自衛隊に活動してもらう」と明言

ただ、この転換が簡単に進むようなものでないことは、昨年（二〇一六年）の参議院選挙のＮＨＫの討論番組において、共産党の藤野保史政策委員長（当時）が、防衛予算を「人を殺すための予算」と呼んで辞任に追い込まれた経過でも明白です。藤野氏は、私が退職に至る過程では同僚であって、自衛隊を認めるとどんな批判が浴びせられるか身をもって体験していたので、国民の目の前で発言を撤回するのは容易ではなかったでしょう。

自衛隊を活用するという新しい方針も、志位氏の先の講演などで部分的に出てきただけであり、どう具体化するのかは見えてきません。日々の「しんぶん赤旗」でも、自衛隊を活用するという見地の記事が掲載されることはなく、自衛隊が出てくる場合はもっぱら批判の対象になっているので、変化というほどのものは感じられません。

しかし、藤野氏の発言をきっかけに、いろいろな模索はされているようです。発言のあった参議院選挙で共産党が発行した法定ビラ第二号（七月一日）では、最初の見出しに「憲法を守ることと、国民の命を守ることの両方を追求します」とあり、本文のなかには「国民の命を守るために自衛隊に活動してもらう」と明記されています。自衛隊が国民の命を守るために必要だという見地は、国民にとっては当然の常識とはいえ、共産党にとっては跳躍だと言えるほどのものでしょう。

政権政党と自衛隊違憲論は矛盾する

同時に、こうやって自衛隊を活用するということになると、別の問題が生まれてきます。とりわけ、政権をめざすとなると、自衛隊違憲論との整合性は最大の問題です。野党のままなら(市民運動の場合も)、「違憲だから使うな」とか、「違憲だが使う」で済みます。しかし、与党になった場合、自衛隊を違憲と判断し、そうおおやけに表明しながら、自衛隊を保持することは許されないし、ましてや自衛隊を使うなどということはあり得ません。

なぜか。総理大臣や閣僚には憲法擁護義務があるからです。違憲行為を総理大臣がすることは絶対にあってはなりません。護憲派の立場からすれば、安倍政権による自衛隊の海外派兵や集団的自衛権の一部行使は、憲法違反の行為を内閣がやっていることになります。しかし、それが憲法擁護義務違反の問題になってこないのは、国会の多数をバックにしているというだけでなく、安倍首相自身はそれらの行為を合憲だと言い張っているからです。もし、安倍首相が「自分は憲法に違反する行為をしている」とみずから認め、それを撤回せずに固執するならば、その政権は一日ももたないでしょう。

これまで共産党は、民主連合政府になって閣僚席に座った場合、自民党から自衛隊の憲法認識を問われたら、「もちろん違憲です」と答えるとしていました（志位和夫『綱領教室』第三巻、新日本出版社、二〇一三年）。しかし、直近の総選挙（二〇一七年一〇月）における「ネット党首討論」（ニコニコ動画）で、安倍首相が「志位さんが『違憲だ』と言った瞬間に自衛隊法は違憲立法になってしまう」と追及したのに対して、志位氏は次のように答えます。

「私たち日本共産党としては、自衛隊は違憲という立場ですが、日本共産党が参加する政府ができた場合に、その政府としての憲法解釈はただちに違憲とすることはできません。しばらくの間、合憲という解釈が続くことになります。これは、国民多数の合意が成熟して九条の完全実施に向かおうとなったところで初めて政府としては憲法解釈を変えて違憲にすると。それまでは合憲ということになります」（「しんぶん赤旗」二〇一七年一〇月九日付）

政権をとりにいくことを考えれば自衛隊違憲論のままでは無理なことを、共産党も自覚したのです。政権獲得への真剣さが共産党を変えたのです。

やはり矛盾はなくならない

ただ、政党としては自衛隊違憲論だが政府としては合憲だというのも、言葉の上では何とも言えますが、実際には簡単ではありません。例えば志位氏が防衛大臣になったとして、防衛省に所在するときは合憲論で対応するが、党首として党の会議で報告するときは違憲論を表明するなど、現実にはあり得ないでしょう。政党としての信頼性を疑われます。

私としては、国民の生命を守り、国家の存立をはかるために必要なことについては、政府であれ政党であれ、違憲という立場に立ってはいけないと考えます（政権に関与しない市民、市民運動はその限りではありません）。自衛隊が違憲か合憲かが問われた過去の裁判例からも、そういう考え方が導かれると思いますが、そのためには本格的な検討が必要なので、本書の最後の補論で扱いましょう。いずれにせよ、どう言いつくろっても、「改憲的護憲」は、矛盾のなかにあります。九条の文面と国民の生命を守ることが矛盾しているのだから、矛盾はなくならないのです。終章では、それをどう乗り越えていくのか、「改憲的護憲」派が国民から支持を得るには何が必要か、いろいろな角度で提案をしていきます。

終章　護憲による矛盾は護憲派が引き受ける

「九条と自衛隊の共存」、より正確に言えば「九条と専守防衛の自衛隊の共存」。これが国民世論の現状です。そして、共産党も含めすべての政党が、侵略の際には自衛隊に頑張ってもらうという立場に立っているということは、護憲派の多くも「九条と専守防衛の自衛隊の共存」を受け入れているということです。共存期間がどの程度の長さかということで意見の違いがある程度です。

安倍首相の加憲案は、その国民世論をふまえた魔球です。この球は、戦力不保持、交戦権の否認という二項を削除し、「国防軍」を設置するという長年の野望を捨ててまで、覚悟を決めて放たれたのです。北朝鮮の核・ミサイル問題の深刻な現状のもとで、日本の防衛にかんする国民の意識は高まっていますから、支持が広がる可能性があることは否定できません。それに対して護憲派はどんなスイングをすればクリーンヒットを打てるのか。これまでと同じ主張をくり返すのか、新しい模索と探究が求められるのか。

加憲の国民投票が実施されるとして、自衛隊の廃止を掲げて加憲論に対峙しようという護憲派、それで勝てると考えている護憲派は、ほとんど存在しないでしょう。しかし一方で、何十年にわたって自衛隊違憲を信条にしてきた人は、「九条と自衛隊の共存」を受け入れざるを得なくなっても、日常の自衛隊のいろいろな運用等については、これまでと同じく違憲という角度から接近しがちです。国民世論の現状をふまえ、なし崩し的に自衛隊を認めてしまったけれど、心までは売っていないという感じでしょうか。

そして、九条と自衛隊は矛盾しているわけですから、矛盾の解決策として何かを判断するときは、つい九条のほうを選んでしまう。その結果、護憲派は、たとえば自衛隊の個々の訓練、個々の予算などについて見解を問われれば、やはり「反対」と言うことになるのです。少なくとも「これは賛成できる訓練だ」とか、「賛成できる予算だ」というものをあげることはできません。総論では自衛隊を認めても、各論で賛成するものは一つもない。そういう自衛隊にかんする本音がオモテに出過ぎることになると、専守防衛を願う多くの国民にとって、護憲派というのはやはり自衛隊を否定している集団だと映ってしまうわけです。それでは国民投票で多数になることは困難でしょう。

だからやはり、「改憲的護憲派」の登場が必要なのです。「九条と自衛隊の共存」という国民世論に合致した護憲派です。九条と自衛隊が矛盾する個々の局面では、九条を選ぶ判断を単純にするのではなく、専守防衛の自衛隊を認める見地から、日本防衛のあり方を誰よりも真剣に考え、提示していく護憲派です。自衛隊と専守防衛のことを真剣に考えていると思われていたのは、これまでは改憲派でしたが、その改憲派よりも真剣に探究する護憲派です。

そういう護憲派がどれだけ成長していくのかが、国民投票の時代には不可欠です。「九条の会」などは、自衛隊に対する考え方の違いを脇に置いて結集しているため、自衛隊の明記の是非が問われる国民投票であるにもかかわらず、自衛隊を肯定するのか否定するのかさえ、明確に表明できないからです。そうであっても、違憲論に立つ護憲派には、「九条と自衛隊の共存」する期間のみでいいから、改憲的護憲派と協力していく意思を持ってほしいと思います。

具体的に言えば、改憲的護憲派と違憲論に立つ護憲派は、以下のような点で協力し合うべきです。

I　国民の生命を守るための組織にふさわしい敬意を払うこと

一つは、自衛隊に対する基本的認識に属することです。専守防衛の自衛隊は国民の生命を守るために必要だという認識を持てるなら、それにふさわしい態度をとるということです。

ある存在が憲法違反だということと、それが必要かどうかは別の問題です。憲法違反であっても自衛隊が必要だというなら、そして国民の生命を守るために頑張ってもらうというなら、敬意をもって接するべきではないでしょうか。

アメリカのイラク戦争に自衛隊が派遣されたときのように、違法な戦争に自衛隊が加担し、他国民の命を奪ったり、そのために自衛官の命が危険にさらされたりするようなことがあったら、堂々と憲法違反だと主張し、止めさせればいいのです。あるいは、現在も違憲とされているＩＣＢＭや攻撃型空母の保有に日本が乗り出すとしたら、憲法違反だとして猛然と反対すればいいでしょう。

しかし、国民の生命を守るための自衛隊の運用は、ただ黙認するというだけでなく歓迎するという姿勢も必要ではないでしょうか。護憲派というのはこれまで、自衛隊基地の前では、自衛隊を批判する文脈でしかマイクを握ったことがないかもしれません。これからは、少なくともたとえば災害救援に赴いたり、そこから帰って来たりする自衛隊を激励するようなことは、日常の風景になってほしいと思います。

防衛出動も国民の生命を守るためのものですが、実際にそれが発動されるときは日本が侵略された場合であり、激励どころではないでしょう。ただし、防衛のための訓練は、肯定的に捉えることが必要でしょう。自衛隊の演習についても、これまで護憲派の名前が出て来るのは「反対」の文脈においてだけでした。島嶼奪回訓練なども、その場合に上陸訓練などが行われることを捉え、他国侵略訓練の一環だと批判する傾向が見られました。けれども、領土である島が他国に奪われれば、その奪回をめざすことは当然のことです。他国を侵略するための訓練と奪回のための訓練に実態上の区別をつけることは簡単ではないにせよ、何でも批判するというのでは、護憲派は防衛のための訓練も否定していると捉えられ、世論から遊離することになると思います。

その他の訓練についても、日本の防衛に資するかを重要な基準にして、賛成するか反対するかを決めるべきです。一般住民に多大な騒音被害を与えるものなど、日本の防衛とは関係なく判断することの必要な場合も生まれるでしょうが、その際も、自衛隊が違憲だから反対しているわけではないこと、自衛隊は必要だという認識でいることは明確にすべきです。自衛官募集業務などでも、違法行為があったり、他の職種の採用業務と差別的に扱われたりする場合は問題にすることがあっても、採用そのものに反対することがあってはなりません。

Ⅱ　専守防衛のための政策にかんする議論を深め、自分のものにすること

二つ目。護憲派自身が防衛政策を持つことです。平和外交と一体となった防衛政策を考えなければならないということです。

護憲派にも防衛政策が必要である

自衛隊違憲論に立つ護憲派にとって、自衛隊に敬意を払うにとどまらず、自分で自衛隊をどう運用するか考えるなどあり得ないと思われるかもしれません。しかし、もともと護憲派は、防衛政策を持つことを運命づけられています。護憲派の究極の目的である軍備の撤廃、自衛隊の廃止を実現しようと思えば、それが欠かせないからです。

護憲派が軍隊のない日本という理想をいくら心に描いても、政府がそれを実行しない限り、理想は実現しません。しかし、安倍政権が自衛隊の解消に踏み出すとは、護憲派の誰一人とて空想もできないでしょう。首相が安倍氏でない自民党政権を思い描いても、内部にそういうことを考えている人びとは皆無です。改憲派の政権が続く限り、護憲派の理想は実現しないどころか、かえって日本周辺の情勢は緊迫し、改憲と自衛隊の増強を求める世論が増えていくというのが現状です。

つまり、護憲派が理想を実現しようとすると、自分たちが政権をとりにいくしか選択肢がないということです。一方、国民の多数は、現在の複雑な日本周辺の情勢を危惧しているわけで、自衛隊を廃止する政権など望んでいません。そこを打開するためには、護憲派こそが、「こういう防衛政策なら日本周辺に平和と安定をもたらす」というものを提示し、国民多数の支持を得て政権を獲得するしかないのです。そして護憲派の政権が実際にその政策を実行し、やがては「自衛隊はもういらなくなったね」と国民の多数が思うような状況をつくり出すことです。それ以外に護憲派の理想を実現する道筋はありません。

専守防衛の政策が求められる時代

護憲派の防衛政策は、一言で言えば、専守防衛を徹底させた政策ということになるでしょう。それなら、集団的自衛権を容認する以前の自民党の政策と同じではないかと思われるかもしれませんが、外形は似ていても本質的には違うものです。

かつての専守防衛政策とは、アメリカの抑止力を前提にして成り立っていました。抑止力とは、いざというときには相手国を核兵器で壊滅させるぞと威嚇することで、相手の軍事行動を抑え、止めるというものです。核時代になってはじめて成立した戦略です。抑止が効かなかった場合、実際に相手を壊滅させる行動に乗り出すのであって、「自衛」、「専守防衛」の範囲をはるかに超えるのです。

それでも日本が専守防衛と言えていたのは、冷戦時代においては、アメリカと日本の利害がほぼ一致していて、日本が日本列島とその周辺でソ連軍と対峙していることが、アメリカの利益になっていたからです。日本は実際には、世界規模でアメリカの戦略に組み込まれていたのに、専守防衛に徹すればいいように見えていたのです。

しかし現在は違います。そもそも中国を壊滅させる戦略はとりようがありません。冷戦時代のソ連とは、アメリカも日本も政治的、経済的に最小限の関係しか持たず、だからこそ軍事的に壊滅戦略をとっても整合性はあったのですが、中国とは経済面だけ見てもお互いが相手を必要とする関係です。

さらに、アメリカと日本の利害は、微妙に違ってきています。例えば尖閣諸島について言うと、日本にとっては主権がかかった大事な問題ですが、アメリカにとっては米兵の命をかけて守る対象ではないでしょう。北朝鮮の核・ミサイル問題を考えても、それが米本土に到達するような段階にあって、ニューヨークが破壊されてもアメリカは日本を守るのかということが問われています。

つまり現在の日本は、これまでのように防衛をアメリカ任せにしてはいけないのです。自国の防衛は自分の頭で考えるべきときになっています。そのときに指針となるのが専守防衛の考え方なのです。

核抑止力の徹底的な批判の上に

護憲派が専守防衛政策を本格的に検討する場合、核抑止力の徹底的な批判が不可欠です。その批判の上に、新しい政策が生まれると思います。

核抑止力依存というのは、唯一の戦争被爆国である日本が、いくら戦争の相手国とはいえ、相手を倒すのに核兵器を使えという立場に立つのか、しかも国を破壊するほど使う戦略を容認するのかという人道上の問題を抱えています。同時に、そういう戦略を堂々と掲げることが、本当に戦争を抑止するのかという指摘もあります。

一般的に考えると、相手を脅かすほどの核兵器で威圧していれば、相手は恐れおののいて手を出してこないだろうと感じることはあります。しかし、北朝鮮を見ていると、そうやって威嚇されることによって体制崩壊の危機を感じ、かえって核・ミサイル開発に狂奔しているようでもあります。そうしてアメリカ本土を脅かす核・ミサイル開発に北朝鮮が成功すれば、日本を守るために核兵器を使うぞというアメリカの脅しは、そんなことをしたらアメリカ本土に核兵器を撃ち込むぞという北朝鮮の脅しを呼ぶことになります。この経過が示すのは、核抑止戦略一本槍の考え方が核抑止戦略を崩壊させているということです。

そういうものではなく、言葉の本来の意味における専守防衛に徹すれば、別の可能性も導き出せるかもしれません。専守防衛というのは、相手が武力攻撃してこない限り、こちらは防衛力を発動しないというものです。同時に、相手国の侵略を拒否しきるだけの防衛体制はとるわけです。しかし、相手国の体制を崩壊させることを前提としない戦略です。ですから、体制維持のために核・ミサイル開発に狂奔するという動機を相手に与えることがありません。外交政策と両立できる可能性が広がるのです。

アメリカに対しても、日本の専守防衛政策を尊重し、その枠内で在日米軍を運用するよう求めるべきです。中国や北朝鮮にも、同様の見地で自国の防衛政策を見直し、遂行するよう働きかけてもいいかもしれません。そういう努力が実を結ぶ時代になってはじめて、平和な北東アジアが到来するでしょう。国民投票で語れるような護憲派の防衛政策の登場が待たれます。

沖縄での新基地建設も、新安保法制も、すべては抑止力の向上を理由にして強行されています。抑止力を問い直すことは、考え方の根本的な転換であるが故に、あらゆる問題の解決に波及していくことになるでしょう。

Ⅲ　タブーを避けずに、交戦規則や裁判制度にも挑む

日本が侵略された際のＲＯＥは確立していない

二〇〇三年から二〇〇四年にかけて、武力攻撃事態法をはじめとして、いわゆる有事法制が整備されました。日本が武力攻撃を受けた際、自衛隊がどう動くのかなどが法的に決まったわけです。自衛隊が創設されてから半世紀も有事法制がなかったのは、護憲派が反対したということにとどまらず、日本全体のなかに軍事的なものへの躊躇《ちゅうちょ》が存在してい

たからでしょう。

しかし、「九条と専守防衛の自衛隊の共存」という見地に立つ限り、護憲派は自衛隊の海外派兵には反対するにしても、日本が侵略されたときの有事法制の発動には賛成することにならざるを得ません。人権侵害が起こらないような監視やキャンペーンは必要でしょうが、法制の発動自体に反対することはあり得ないでしょう。

問題は、日本社会に根強く残ってきた軍事的なものへのタブーから、有事法制ができたとはいえ、自衛隊が有事に動く体制はなお整備されていない部分が残っていることです。護憲派は、そこから目を背けてはなりません。専守防衛の政策を確立したとしても、まだやるべきことは残っているのです。

たとえば、ＲＯＥ（交戦規則、自衛隊用語では部隊行動基準）です。これは、実際にどういう場合にどういう武器を使用するかなどを決めるものですが、日本有事の際のＲＯＥは定められていません。

第一章（第３節）で、ＰＫＯなどの際のＲＯＥは警察比例の原則が適用されていることを紹介しました。相手が武器を持っていないことを前提にして、正当防衛・緊急避難の場合に限って自衛官の武器使用を認めるというものです。しかし、日本有事では、相手は日本を侵略する意図を持ち、そのための武器を持って日本の領域に侵入していることが前提ですから、自衛隊の武器使用が警察比例の原則でなくなるのは当然のことです。実際、自衛隊法第八八条は「防衛出動時の武力行使」として、「自衛隊は、わが国を防衛するため、必要な武力を行使することができる」としています。他の場合と違って、自衛官個々人の武器使用ではなく、自衛隊による武力行使なのです。

専守防衛の考え方を確固としたものにするためにも

ところが、安全保障の専門家のなかにも、勘違いからか意図的なものかは知りませんが、日本有事の際にも適用されるのは警察比例の原則だと言う人がいます。相手から弾が飛んできたら撃ち落とせるだけで、こちらから先に弾を撃つことはできなくなっており、戦術的に不合理だというのです。そういう問題を「極端な専守防衛論議」（齋藤隆元統合幕僚長、「読売新聞」二〇一七年五月三〇日）として、専守防衛批判につなげる人もいます。

その根拠としてよくあげられるのが、自衛隊法第九五条にある武器防護のための武器使用規定です。たしかに、武器防護を自衛隊の任務とした第九五条は、自衛官の武器使用を警察比例の原則と位置づけています。さらに、新安保法制により第九五条には米艦防護の任務も追加されました。海の上で米艦船を攻撃してくるとしたら強大な軍隊しか考えられず、相手が武器を持っていないことを前提とした警察比例の原則が適用されるとしたら、誰が考えても不合理です。しかし、第九五条の規定というのは、自衛隊が発足した当時、暴徒が自衛隊基地に置いてある武器を奪いに来ることを想定しているから、警察比例の原則で足りるとされたのです。新安保法制によって、それを戦争行為にまで拡大したことによって、非合理的なものとなったのです。この矛盾は新安保法制を廃止することで解消すべきものです。

専守防衛とは、戦争が起きるにしても、相手からの先制攻撃で開始される戦争になるということです。戦争が開始されたあと、個々の戦闘局面においても、相手が撃ってこないとこちらも撃てないというものではありません。しかし、いずれにせよ、日本が武力攻撃を受けた際のROEは未確立です。そのことが、専守防衛という考え方を批判するために利用されているとしたら、専守防衛を確固としたものにするためにも、戦時国際法、戦争法規に合致したROEを確立しなければなりません。

人道法違反は裁き、合致するものは合法化

ROEを定めておくことは、人の命が脅かされる現場での武器使用について、誰がどのように責任をとるかを明確にするために欠かせません。ROE通りに武器使用がされていれば、結果がどうあれ自衛官の責任は問われないし、逸脱すれば責任が問われるということです。

とりわけ、有事には民間人が巻き込まれることが想定されるだけに、余計にROEを定めることが大事です。戦争の現場では、軍隊が意図的に民間人を巻き込むことがあります。相手国の軍隊が民間の漁船を隠《かく》れ蓑《みの》にして上陸を図ることもあるでしょう。あるいは上陸したあと、日本人を盾にして閉じこもることも想定されます。逆に、自衛隊の出動に反対する民間人が、作戦を妨害する行動に出ることがあるかもしれません。それぞれの場合にどう対処するかを決めておき、ROEに沿ったものだったのか、逸脱したから犯罪だと位置づけるのか、明確にしなければなりません。

日本有事で自衛隊が戦争法規に違反するような人道犯罪を犯した場合、それを裁くようにする――このことは護憲派にも受け入れ可能かもしれません。一部の護憲派の「聖地」となっているコスタリカも、国際人道法違反を裁く国内法を有しています。

常備軍を持たないコスタリカがなぜ戦争を前提とした法律を制定しているのか。それはコスタリカ憲法が禁止しているのは常備軍であって、有事には軍隊を持てるようになっているからです。あるいは、現在保有している数千名の警備隊は、自動小銃などで武装しており、中南米諸国の合同軍事演習にも参加するなど、事実上の軍隊であり、交戦することが想定されているからです。自国が侵略しないとしても相手から攻撃を受ける可能性は否定できないのであって、戦力を否定するということと戦争しないということは、コスタリカにおいてもイコールではないのです。

一方、自衛隊のある種の行為を「犯罪」と位置づけることは、逆に、戦争法規とROEに合致する行為については、たとえ人を殺すものであっても合法だとみなすことです。戦後ずっと日本有事を想定してこなかった護憲派にとって、価値観の大転換になるのであって、こちらのほうは受け入れがたいことでしょう。しかし、「九条と自衛隊の共存」というのはそういうことであり、護憲派もそこから目を背けてはなりません。

裁判も現行憲法のもとで考えるべきだ

以上のような想定をすればするほど、戦争の現場で起こることについて、普通の裁判所でどう裁くのかという検討が必要です。軍法会議を設置しないならどうするのかということです。

これまで護憲派が軍法会議を拒絶してきたのは、自衛隊違憲論以外にも理由があります。一つは、現行憲法（七六条二項）が以下のように特別裁判所の設置を禁じていることです。

「第七十六条　すべて司法権は、最高裁判所及び法律の定めるところにより設置する下級裁判所に属する。

2　特別裁判所は、これを設置することができない。行政機関は、終審として裁判を行ふことができない。」

明治憲法では特別裁判所の設置が可能でしたが、現行憲法がそれを禁止したのは、憲法一四条が規定した「法の下の平等」を担保するためだと言われています。逆に言うと、明治憲法下の特別裁判所が法の下の平等を犯したことへの反省からということになります。そして、明治憲法下の特別裁判所の一つが、軍法会議のことでした。

戦前の軍法会議は多くの問題を抱えていました。軍人が裁くようになっていたので、身内とくに幹部をかばいがちになることが多かったのです。張作霖《ちょうさくりん》爆殺事件では首謀者の河本大作大佐は停職処分で済まされます。

憲法九条からも、大事な人権規定である法の下の平等を定めた一四条からも、戦前の反省からも軍法会議は許されない。これが護憲派の確固とした意思でしょう。私も護憲派の一員として、その気持ちを共有します。

しかし、先ほど論じたように、実際に日本が武力攻撃され、自衛隊が防衛出動する際のことを考えると、必要とされる裁判は特殊性を帯びています。ROEに反して人を殺してしまったら、迅速に裁判をしないと、国際的に批判されますし、部隊の規律が保たれません。しかし、自衛隊内における上官命令の位置づけなど、防衛にかかわる諸問題を理解できないような裁判官が裁くとすれば、裁かれる自衛官にも不満は残ります。通常の裁判所で裁くにしても、どう工夫するのかは、真剣に考えなければならない問題なのです。

現行憲法を守りながら設置することは不可能ではない

現行憲法のもとでも、すべての事件がまず地方裁判所で裁かれるというわけではありません。誰もが知っているのは、少年法にかかわる事件などを扱う家庭裁判所です。家庭裁判所ができたとき、これを憲法七六条に違反する特別裁判所だとする訴訟が提起され、最高裁まで闘われました。しかし最高裁は、家庭裁判所は裁判所法にもとづく下級裁判所の一つだと位置づけ、特定の事件を扱うのは所管事務を分配するにすぎないとして、上告を棄却しました。

それでも家庭裁判所は、裁判所法のなかに位置づけられているにもかかわらず、他の下級裁判所と異なるイメージで見られることは少ないと思われます。それと違って、かなり特別裁判所に近いと見えるのが、知的財産高等裁判所です。

これはその名の通り、知的財産にかんする事件を専門的に扱うもので、二〇〇五年に設置されました。特定の事件を扱うという点でも（非常勤の専門委員が事件に関与します）、地裁を飛び越して高裁から裁判を開始する場合があるという点でも（東京高裁の支部という位置づけになっています)、他の裁判所とは違った要素があります。しかしそれでも、最後は最高裁判所に係争が持ち込まれるということになっているため、憲法上は特別の裁判所ということになっていません。

それならば、防衛出動の場合も、この事例を参考にしつつ、下級裁判所の一環として裁くシステムを練り上げることは可能でしょう。東京高裁の支部ということなら、通常より素早く裁くことも可能ですし、防衛に詳しい専門委員を関与させれば、現実から遊離しないで裁判官が判断することもできるでしょう。

世界を見渡しても、軍法会議を持っている国が多数ですが、工夫をして普通裁判でやっている国もあります。オランダには軍法会議はありませんが、兵士の裁判をする場合、裁判官のうち一人は軍人が担うことになっています。ドイツも憲法上は軍法会議の設置は可能ですが、実際には設置することなく、普通裁判所でやっています。

海外派遣された自衛官の裁判をしようとすると、戦地で裁くにしても日本に戻すにしても、検察も、弁護士も、裁判官も戦地まで出向くことはできないわけで、通常の裁判では不可能なのです。しかし、専守防衛に徹する自衛隊と共存する覚悟が持てるなら、犯罪が起きるとしても日本とその周辺に限られるので、現行憲法のもとでも工夫が可能だということです。

こうして護憲派は、「私たちは自衛官を愛しているんだ。だから憲法九条を守りたいんだ」と、心の底から言えるようになるべきです。そのことが、専守防衛の自衛隊を支持する日本国民の多数が、国民投票において「護憲」を選ぶ上で大事な要素になると思うのですが、いかがでしょうか。

「我、自衛官を愛す。故に、憲法九条を守る」――これは、戦後の自衛隊違憲裁判を中心で担ってきた内藤功弁護士が、その著書の最後で語った言葉です（本書「補論」を参照）。自衛隊違憲論の象徴である方がここまで踏み込めるのですから、国民投票において護憲派の共通のスローガンになり得ると思いますが、いかがでしょうか。

補論　自衛隊の違憲・合憲論を乗り越える

最後に、戦後長く自衛隊と憲法九条をめぐって論争の中心であった問題、すなわちその違憲・合憲論を取り上げます。難しい憲法解釈をするつもりはありません。自衛隊とその活動に対して違憲判決が下されたものとして、長沼ナイキ訴訟の札幌地裁第一審判決（一九七三年）、自衛隊イラク派兵差止訴訟の名古屋高裁第二審判決（二〇〇八年）がありますが、この二つの裁判では何が問題になってきたのかを、掘り下げて考えてみたいのです。

安倍首相は、加憲案を提唱した際、自衛隊を憲法に明確に位置づける理由として、憲法学者の七割、八割がいまだに自衛隊違憲論の立場に立っていることをあげました。そういう議論が生まれないよう、自衛隊が合憲であることを疑問の余地のないものにしようということでした。

その際に安倍首相の念頭にあったのは、「朝日新聞」が二年以上前にネット版で報じた（二〇一五年七月一一日）、憲法学者一二二人に対する調査結果だと思われます。自衛隊について「憲法違反」が五〇人、「憲法違反の可能性がある」が二七人いたというものです（一方で、「憲法違反にはあたらない」が二八人、「憲法違反にあたらない可能性がある」が一三人でした）。一二二人中七七名が「違反」、「その可能性がある」ということになると、六三パーセントが違憲論だということになります。憲法学者は頭が固いのだなあと思った人も少なくないかもしれません。

しかし、私がこの調査を見て思ったのは、それとは逆のことでした。あのお堅い憲法学会がここまで変化したのかという驚きでした。

「朝日新聞」はこれまでも時々、憲法学者に対する同様の調査を行ったことがあります。たとえばPKO法案が問題になった一九九一年にも、一七二人の憲法学者に対して調査を実施し、八一人から回答を得ています（一一月一八日付で掲載）。これによると、「九条に照らして、自衛隊はそもそも違憲」は七八パーセント、「九条は『自衛のための必要最小限度の実力』の保持は認めているが、現在の自衛隊はこの限度を超えているため違憲」が六パーセントでした。違憲論の合計は八四パーセントもあったのです。

一九九七年の「日米防衛協力の指針（新ガイドライン）」策定に際しての調査でも（一一月二日付で掲載）、「新ガイドラインの前提になる自衛隊が違憲」が七五パーセントとなっています（一四一人回答中一〇六名）。質問項目は異なるため単純な比較はできませんが、一九九一年調査にある「そもそも違憲（七八パーセント）」がこれに該当するでしょう。同調査の「自衛隊の現状は違憲（六パーセント）」に該当する質問はありませんが、もしあったとすると、合計はやはり八割程度になったと思われます。

一九九一年調査の「朝日新聞」見出しには「合憲解釈は一割余り」とあります。一九九七年の際の見出しは「自衛隊そもそも違憲」でした。ここには、少なくとも憲法学者にとって自衛隊違憲論は疑う余地がないという現実があらわれているし、「朝日新聞」もそう判断していることが伝わってきます。

ところが二〇一五年の調査では、違憲論は三分の二を割り込んだのです。それまで一〇分の一に過ぎなかった合憲論が三分の一にまで達したのです。ここまで来ると違憲論が常識だとまでは言えないでしょう。時代の趨勢《すうせい》を敏感に捉えるメディアならば、その分析に挑むべきだったと思いますが、「朝日新聞」はあまりの変化に戸惑ったのでしょうか、ネット版で事実を簡単に報じただけで、「紙幅の制約」を理由に紙面には掲載しませんでした（http://gohoo.org/15072301/）。

本章では、こうした変化がなぜ生まれているのかという問題意識に立って、まず二つの裁判を振り返ります。そこに戦後日本を分断してきた自衛隊の違憲論と合憲論を乗り越えるカギがあると思うからです。

1　名古屋高裁イラク判決の意味を探る

憲法学者の自衛隊に対する見方に変化が生まれている（生まれつつある）ことに関係するかどうか分かりませんが、「朝日新聞」の九〇年代の調査と二〇一五年の調査の間には、憲法と自衛隊をめぐって大きな出来事がありました。本書の第一章で述べたことですが、アメリカのイラク戦争に自衛隊が参加したことです。それをきっかけに専守防衛派と非武装中立派が「護憲」の一致点を形成し、自衛隊の海外派兵を「違憲」とする立場で協力を開始して、改憲と護憲をめぐる対決構図に変化があらわれたことです。

それに伴って、自衛隊の何を違憲として裁判に問うのかという問題にも、大きな変化が生まれました。それまで五〇年代から七〇年代にかけて、砂川事件、恵庭事件、長沼事件、百里事件などで争われたのは、自衛隊そのものの違憲性でした（そう単純なものでなかったことは次節で詳述します）。しかし、九〇年代以降になると、湾岸戦争後の海上自衛隊の掃海艇派遣、陸上自衛隊のカンボジアＰＫＯ参加をめぐる裁判など、自衛隊の海外派兵が違憲かどうかということが問題になってきます。ただ、九〇年代の時点では、掃海艇の派遣は戦争終了後のものでしたし、ＰＫＯも停戦合意後の派遣だったということもあったからでしょうか、裁判を闘う主体に変化はありませんでした。裁判を担った中心は非武装中立派であり、専守防衛派が加わるまでには至りませんでした。

自衛隊イラク派兵差止訴訟は、そこに大きな違いが生まれます。第一章で論じたことですが、自衛隊合憲派が裁判闘争に参加したのです。その結果、違憲性を問う論理にも変化が求められるようになったことが、裁判の結末にも異なる特徴を生み出しました。

本筋で違憲性を明確にした判決

自衛隊イラク派兵差止訴訟は、一一の地方裁判所で一二の裁判が提起されます（大阪地裁で二つの裁判があったため）。最初に提起されたのは、第一章で触れた箕輪登氏を原告団長とする北海道訴訟であり、それに続いたのが本節で論じる名古屋訴訟でした。名古屋訴訟の控訴審では、航空自衛隊による空輸活動の一部は違憲との判決が下され（二〇〇八年四月一七日）、全国に知れ渡ることになります。

この判決をめぐっては、違憲という判断は下されたけれど、裁判自体は原告が敗訴（国が勝訴）したので、判決の意味を軽く捉える傾向があります。田母神俊雄航空幕僚長（当時）が翌日の定例記者会見において、「そんなの関係ねえ」と発言し、裁判所の判断を自衛隊最高幹部が無視するのかと問題になりました。日本政府も、判決で下された違憲という判断をどう認識するかという質問主意書に対して、「国側勝訴の判決であり、本件判決の御指摘の部分は、判決の結論を導くのに必要のない傍論にすぎず、政府としてこれに従う、従わないという問題は生じない」と突っぱねました（二〇〇八年四月三〇日）。

「結論を導くのに必要のない傍論」というと、違憲判断をしないでも国側が勝てたのに、裁判所が余計な検討をしたかのように聞こえます。本筋は別のところにあるのに、それとは関係のないところで憲法判断をしたと言っているかのようです。しかし、判決文を少しでも読んでみれば明白なことですが、違憲判断は結論を導くのに不可欠な構成要素であり、ある意味では本筋だったことが分かります。

判決は、まず「主文」で控訴を棄却するという結論を述べ、続く「事実及び理由」の第1「当事者の求めた裁判」、第2「事実の概要」において簡潔に事実だけを紹介したあと、第3「当裁判所の判断」として、控訴を棄却した理由を詳しく展開していきます。その冒頭に位置するのが「本件派遣の違憲性について」という、まさに違憲性を論じた箇所なのですが、そこが判決全体の七割以上を占めるのです。つまり、この判決における違憲性というのは、分量だけを見ても、「傍論」どころか全体を貫く基調のようなものになっているということです。

どういう場合に権利回復を主張できるかを提示

違憲の結論を述べた上で判決は、原告に当事者としての適格性があるかどうかを判断します。原告が当事者性の根拠とした「平和的生存権」について、「裁判所に対してその保護・救済を求め法的強制措置の発動を請求し得るという意味における具体的権利性が肯定される場合がある」として、それがどういう場合かを次のように例示します。

「例えば、憲法九条に違反する国の行為、すなわち戦争の遂行、武力の行使等や、戦争の準備行為等によって、個人の生命、自由が侵害され又は侵害の危機にさらされ、あるいは、現実的な戦争等による被害や恐怖にさらされるような場合、また、憲法九条に違反する戦争の遂行等への加担・協力を強制されるような場合には、平和的生存権の主として自由権的な態様の表れとして、裁判所に対し当該違憲行為の差止請求や損害賠償請求等の方法により救済を求めることができる場合がある」

要するに、九条に違反する戦争の遂行で生命や自由が脅かされる人の場合とか、その戦争に加担・協力を強制されるような人の場合には、その当事者は裁判に訴え、権利を回復する権利があるということです。しかし、今回のイラク訴訟の原告には、そこまでの当事者性はないから、控訴は棄却するということなのです。

これを逆に言えば、九条に違反した戦争で生命が奪われる可能性がある当事者、その戦争に協力を強制される当事者なら、裁判で勝訴することもあり得たということです。名古屋高裁の判決は、そこを区分けする論理を示したものであって、航空自衛隊の活動が違憲か合憲かの判断は、この結論を導き出す上で不可欠だったのです。傍論などではありません。

二〇一五年に成立した新安保法制にもとづき、南スーダンPKOに「駆けつけ警護」の任務を付与された自衛隊が派遣された際、自衛官の母親が原告になった差止訴訟が札幌地裁で開始されました。自衛隊の撤退が決まって裁判の行方がどうなるか分かりませんが、名古屋高裁判決の論理に従うならば、戦地に派遣された自衛官の母親の当事者としての資格は問題ないということになる可能性があります。名古屋高裁判決の論理は、憲法九条をめぐる裁判の今後に、新しい展望を切りひらいたものと言えます。

九条の二項ではなく一項に違反するとされた意味

それほど意味のある名古屋高裁判決ですが、何が違憲かという中心問題において、同じ違憲判決といっても長沼訴訟の判決とは異なることに注目しなければなりません。判決は、前記「本件派遣の違憲性について」の（1）でまず事実認定を行い、（2）で憲法九条についての政府解釈とイラク特措法について評価を明らかにし、（3）で以上にかんする裁判所の判断を示した上で、（4）で結論として以下のように述べます。

「よって、現在イラクにおいて行われている航空自衛隊の空輸活動は、政府と同じ憲法解釈に立ち、イラク特措法を合憲とした場合であっても、武力行使を禁止したイラク特措法二条二項、活動地域を非戦闘地域に限定した同条三項に違反し、かつ、憲法九条一項に違反する活動を含んでいることが認められる」

とくに注目してほしいのは、「憲法九条一項に違反する」という認定です。それまでの憲法裁判で問題になったのは、九条の二項でした。ここには「戦力を保持しない」と明記されているわけですが、自衛隊はその戦力に当たるかどうかが議論されてきたのです。

すでに述べたことですが、政府の憲法解釈は、自衛権は国際法上も認められている権利だが、九条は自衛権を明示的に否定していないので、自衛のための最小限度の実力組織は憲法九条二項で禁止された「戦力」に当たらないとして、専守防衛の自衛隊は合憲だというものでした。これに対して、自衛のためであっても九条二項は戦力を認めていないというのが、護憲派の解釈として主流をなしてきました。長沼訴訟の第一審判決も、そういう立場からの違憲判決でした。これに対して、自衛隊そのものの違憲性ではなく、その活動の内容が海外での武力行使に当たるかどうかで判断しようというのが、名古屋高裁判決だったのです。

違憲とされたのは武装した兵士の戦地への輸送

では、自衛隊の活動の何が違憲だとされたのか。イラクに派遣された自衛隊の活動がすべて違憲だとされたわけではありません。

名古屋訴訟は、当初は陸上自衛隊も含むイラク派兵全体の差止を求めて開始されました。しかし、第二審の初期の時期に陸上自衛隊は撤退したこと、近くにある航空自衛隊小牧基地から空輸部隊が派遣されていることもあり、途中からは空自の活動を焦点にして闘われました。その結果、違憲判決が出たといっても、陸上自衛隊のことは判断の対象となっていません。しかも、先ほど引用した「九条一項に違反する活動を含んでいる」（傍点は引用者）という表現から明確なように、航空自衛隊の空輸活動の全体を違憲だとしたわけでもありません。

違憲だとされたのは、あくまで空輸の一部です。具体的に言えば、武装した兵士を戦闘地域に空輸する活動でした。

「したがって、このような航空自衛隊の空輸活動のうち、少なくとも多国籍軍の武装兵員をバグダッドへ空輸するものについては、（中略）他国による武力行使と一体化した行動であって、自らも武力の行使を行ったと評価を受けざるを得ない行動であるということができる」

航空自衛隊は、一部とはいえ、人道支援のための物資も運んでいました。判決は、そういう活動までも「違憲」と認定したわけではないのです（合憲だと明示的に判断しているわけでもありませんが）。海外派兵そのものや海外での空自の活動一般を対象に違憲か合憲かを判断するのではなく（そもそも自衛隊そのものの違憲性でもなく）、自衛隊の個別の行為を具体的に分析して判断するというやり方がとられたことが、この裁判の重要な特徴です。

自衛隊合憲論者が加わった裁判にふさわしく

しかも、この違憲判断を導く上で、何が論拠となったのかが特徴的です。裁判所が依拠したのは政府の論理でした。

護憲派は、自衛隊そのものが違憲という立場であり、自衛隊がイラクで米軍（多国籍軍）の後方支援で空輸活動をすることについて違憲性を証明する場合も、どんなものであれ違憲だという立場にならざるを得ません。一方、政府は、憲法九条が禁止しているのは自衛隊が海外で武力を行使することであり、後方支援自体は武力を行使することではないので、憲法上の問題はないという立場を主張しています。

とはいえ、国際法の常識では、「兵力を使用する」（use of force）後方支援というのは「武力の行使」（use of force）そのものです。英語なら同じ行為であることは明白なのに、日本語の語感の違いを利用して、別のもののように見せかけているのが日本政府です。しかし、国際法と完全に乖離《かいり》した解釈をとることもできず、政府が常に持ち出してきたのが、「武力行使と一体化した後方支援は武力の行使とみなされる」というものです。

その一体性は何によって判断されるのか。裁判所が依拠した政府の論理は、内閣法制局長官が国会で示したもので（一九九七年二月一三日）、いわゆる大森四要件と呼ばれます。すなわち、一「戦闘活動が行われている、または行われようとしている地点と当該行動がなされる場所との地理的関係」、二「当該行動等の具体的内容」、三「他国の武力の行使の任に当たる者との関係の密接性」、四「協力しようとする相手の活動の現況」、「等の諸般の事情を総合的に勘案して、個々的に判断さるべき」というのです。

裁判所は、航空自衛隊による武装した兵士の輸送は、「政府と同じ憲法解釈に立ち、イラク特措法を合憲とした場合であっても」（傍点は引用者）、武力行使と一体だと判断できるので、憲法九条一項に違反するとしたのです。「であっても」という文言は、別の憲法解釈をした場合はさらに違憲性が問われる分野が増えることを想定しているようにも読めますが、それにしても政府の憲法解釈の範囲内で違憲判決を導いたわけです。

護憲派は長い間、政府の憲法解釈を欺瞞的《ぎまんてき》なものとみなしてきました。しかし、この裁判では、それまで政府の憲法解釈を支持し、自衛隊を合憲とみなしてきた人びとも原告に加わったこともあったからでしょうか、原告・弁護団の側も政府の憲法解釈を論拠の一つとしたわけです。裁判所もその前提で判決を下したということです。非武装中立派と専守防衛派が協力する時代にふさわしい判決だと言えるでしょうか。

自衛隊に対する国民意識の変化が背景にある

裁判所の判断は時代によって変わることがあります。たとえば、非嫡出子の相続分を嫡出子の相続分の二分の一とする民法の規定は、長い間、合憲だとされてきましたが、二〇一三年になって、この差別は法の下の平等を規定した憲法一四条に違反するという判決が最高裁判所によって下されました。憲法一四条の中身は何も変わらないのに、何を差別とするかという国民意識の変化を背景にして、解釈が変わることはあるのです。

名古屋高裁の判決は、自衛隊を憲法上どう判断するかは活動内容次第であるというものであって、自衛隊そのものの憲法判断には踏み込んでいません。その点で、非嫡出子の問題とは異なり、長沼訴訟第一審判決とは憲法判断が変わったという事例にはならないでしょう。

　しかし、長沼訴訟のころとは違って、自衛隊が海外に派遣されるようになった時代に、それを見つめる国民の意識が名古屋高裁判決に反映しているとは思います。国民の命を守る自衛隊は支持するし、海外に派遣される場合も、停戦後に復興支援など人道的な目的で派遣されるのは了解するが、イラク戦争のように違法な戦争に参加し、人びとを虐殺するのに加担するようなものは拒否するという国民の意識です。原告団の立論もそういうものでしたし、裁判所もそれを受け入れたところで、この判決が成立したのです。

　しかも、こうやって判決が確定すると（国は勝訴したので控訴せず、原告も違憲判断を了として控訴せず）、それがまた国民の意識に影響を及ぼすということがあります。ここまでは合憲でここからは違憲だという判断が、おのずと生まれてくるということです。憲法学者の三分の一が自衛隊を合憲だとみなすという革命的な変化は、それと無縁ではないと思うのですが、いかがでしょうか。

　ところで、これまで長沼訴訟の第一審判決について、この名古屋高裁の判決と異なり、自衛のための必要最小限度のものであっても自衛隊は違憲だとしたと紹介してきました。

ところが、そう単純な判決ではなかったのです。それを次節で論じます。

2　長沼訴訟違憲判決の論理構造

長沼訴訟第一審判決の結論

長沼訴訟といっても六〇年代末から七〇年代前半のことであり、詳しく知っている人は限られるでしょう。政府が、北海道夕張郡長沼町《ながぬまちょう》の馬追山《うまおいやま》に航空自衛隊の地対空ミサイル・ナイキの発射基地を建設する計画を立てたのですが、該当地域が森林法にもとづく水源涵養《かんよう》保安林に指定されていたため、そのままでは建設ができず、農林大臣が一九六九年、公益を理由にして指定を解除しました。これに反対する農民が、指定解除処分により洪水の危険性が高まったし、そもそも憲法違反の自衛隊基地建設は公益に当たらないとして、自衛隊の違憲性の確認と処分取り消しを求めて訴訟を起こしたものです。

四年にわたる審理の末、札幌地方裁判所は、自衛隊が違憲であるとする判決を下しました。判決では、自衛隊にかんする事実認定をしたあとに、以下のように述べています。「以上認定した自衛隊の編成、規模、装備、能力からすると、自衛隊は明らかに『外敵に対する実力的な戦闘行動を目的とする人的、物的手段としての組織体』と認められるので、軍隊であり、それゆえに陸、海、空各自衛隊は、憲法第九条第二項によつてその保持を禁ぜられている『陸海空軍』という『戦力』に該当するものといわなければならない」

被告となった国側は、この裁判で、「外部からの不正な武力攻撃や侵略を防止するために必要最小限度の自衛力は憲法第九条第二項にいう戦力にはあたらない」と主張しました。これに対して判決は、「かような解釈は、憲法前文の趣旨にも、また憲法の制定の経緯にも反し、かつ交戦権放棄の条項などにも抵触する」としました。さらに、「自衛力は戦力でない、という被告のような考え方に立つと、現在世界の各国は、いずれも自国の防衛のために必要なものとしてその軍隊ならびに軍事力を保持しているのであるから、それらの国々は、いずれも戦力を保持していない、という奇妙な結論に達せざるをえない」とまで述べて、国の解釈を退けたのです。

自衛隊が米軍の補完部隊になっていることを重視して

このような判決の結論部分は、いちおうは護憲派を名乗る私ですから、当然のこととして知っていました。護憲派として恥ずかしいことに判決の全文（一五万字程度でしょうか）は読んでいなかったのですが、長沼訴訟の判決とは、たとえ自衛のためであれ戦力を保持してはいけないというものだと理解していました。

もちろん、それは間違いではないのですが、この裁判をそう単純化してはいけないと感じたのは、原告側の弁護人を務めた内藤功氏の著作を読んだときです。内藤氏は、砂川、恵庭、長沼、百里という主な憲法九条裁判を闘ってきた弁護士ですが、その著作（『憲法九条裁判闘争史』かもがわ出版、二〇一二年）で、裁判の証人第一号に元航空幕僚長の源田実氏を申請した理由について、次のように述べていたのです。

「（前略）我々にとっては有利な人証になりうると考えたからです。（中略）その講演には、航空自衛隊の任務というのは米軍基地からアメリカ空軍が発進していくのを守る事だ、攻撃機が基地に帰ってくるのを守ることだ、それが正に航空自衛隊の任務である、昔の防空部隊みたいに都市を守るんじゃないんだということがはっきり書かれているのです。だから、その部分を中心に書証に出したんです。同時に、こういう講演をしている源田実氏は、率直に自衛隊の実態を話せる証人であり、かつ自由民主党国防部会長をやり現職の参議院議員であり、元航空幕僚長であり、旧海軍ではパールハーバー奇襲攻撃のときの第一航空艦隊の航空参謀であるから、これが第一号証人として一番いいということで、(中略)申請したのです」

最初に読んだとき、この部分には率直に違和感を覚えました。なぜなら、国側の主張は日本の防衛のためなら最小限度の実力組織は合憲だというものですから、それに反論するなら、防衛のためであっても実力組織は違憲だと証明するのが本筋ではないかと思ったからです。それなのに、自衛隊は日本の防衛ではなく米軍を守ることが任務になっていると論証することが、どういう意味を持っているのかつかめなかったからです。

そこで、判決全文をはじめ関連資料をお借りするため、内藤氏にお会いしました(二〇一七年七月一三日)。内藤氏によると、当時、弁護団のなかにも、自衛のためでも戦力は違憲だと論証すれば十分だという人びとと、内藤氏のように自衛隊が米軍の補完部隊になっていることの論証が大事だと考える人びとと、その両方がいたということです。議論の末、後者も大事だということになったということでした。内藤氏からは、判決のなかに「自衛隊の対米軍関係」という箇所があり、そこが大事だから読み込んでほしいとアドバイスを受けました。

「自衛隊の対米軍関係」の分析の上に違憲の結論

長沼訴訟の第一審判決は以下のような構成になっています。第一目が「当事者の表示」で原告、被告の名前等が書かれ、第二目が「主文」で被告による保安林の指定解除の処分を取り消すというもので、第三目が「事実」であり、原告と被告の主張がまとめられています。

そして第四目が「理由」です。裁判所が原告の訴えを認め、自衛隊を違憲と判断した理由が述べられています。そのうち、第一次から第四次までは事実関係の整理であり、分量も多くありません。第五次が「本件保安林指定の解除処分の憲法第九条違反、および森林法第二六条第二項の公益性の欠如について」であり、「理由」の骨格をなす部分です。

この第五次は、第一で当事者双方の主張の要旨をまとめています。第二は、「自衛隊の司法審査の法的可能性（いわゆる統治行為論について）」とされ、自衛隊が合憲か違憲かは司法審査になじまないとする国側の主張への反論です。第三は、裁判所として憲法前文と九条をどう解釈するのかが示されています。

その上で、第四に「自衛隊の規模、装備、能力（関係法規も含む）」が明らかにされ、第五に内藤氏が重要性を指摘した「自衛隊の対米軍関係」が論じられます。それを受けて第六で、本節の冒頭で紹介したように、「以上認定した自衛隊の編成、規模、装備、能力からすると」として、「自衛隊は明らかに（中略）『戦力』に該当する」と判示したのです。つまり、「自衛隊の対米軍関係」というものが、裁判所が自衛隊を憲法違反だと認定する上で不可欠の構成部分になっているということです。

なお、最後の第六次は「結語」です。短いので全文を引用しておきます。

「そうすれば、その余の諸点につき判断を加えるまでもなく、原告らの本訴請求は理由があるので認容することとし、訴訟費用につき民事訴訟法第八九条を適用して被告の負担とし、主文のとおり判決する」

「松前・バーンズ協定」の意味

判決の「自衛隊の対米軍関係」の箇所では、自衛隊の中心的な役割が米軍を守るというものではないかという疑念が提示されます。日本国民を守ることが二義的なものになっていないかということです。

たとえば、冒頭に取り上げられているのは、一九五九年に日米間で結ばれた「松前・バーンズ協定」です（自衛隊航空総隊司令官松前未曾雄空将と米第五空軍司令官ロバート・W・バーンズ空軍中将との間で取り決められた「日本の防空実施に関する取扱い」）。判決は、協定の内容を紹介した上で、「いずれも航空総隊と米第五空軍が共同して日本の防空にあたる旨が規定されている」としています。

これだけでは意味不明でしょうから解説しておきます。この協定は、一九五九年まで日本の領空侵犯に対処していた米軍から、その任を自衛隊が引き継ぐに際して結ばれたものです。しかし、まだしばらくの間は米軍と協力して行う必要があるということで（実際に一九六五年まで米軍も関与していた）、協定では、日米両軍を「一つの団結した防空組織として運用する」（引用は判決から。以下同じ）ことや、「（空自の）府中作戦指揮所は、五空と総隊の防空指揮の中枢として指定する」ことなどが取り決められたのです。原告側の弁護団は、これらの事実から、航空自衛隊が米空軍の指揮下に入らざるを得ないことを次のように主張したのです（「最終準備書面」）。

「（前略）この協定は、戦時緊急計画の実施以前のいわば『平時』（非戦時）での協定である。平時でさえ一つの組織として運用されるのだから、『戦時』においては両軍の一体性は一そう強まり、その場合、単一指揮が必要とされ、結局は、兵力、情報力等圧倒的優位にある米軍の事実上の指揮下に、自衛隊がおかれるということにならざるをえない」

自衛隊が日本防衛のための独自の判断、行動をとることができないような仕組みになっているという主張です。判決が日米の共同防空に言及しているのには、そういう意味が込められていると思われます。

秘密文書の開示で明らかになった危険性

松前・バーンズ協定をめぐっては、弁護側の正しさを証明した後日談があります。当時、米軍が実施する領空侵犯対処の中身は、日本側が行うのと同じようなものだと国会で答弁されてきました。ところが、外務省が二〇一三年（二〇一二月二九日）に公開した外交文書のなかに、外務省日米安保条約課が作成した「松前・バーンズ協定の取扱いについて」という極秘メモ（一九七一年二月三日付）があったのです。それによると、そもそも「米軍のROE（交戦規範）は領空侵犯対処という特別の方法は認めていない。一般に交戦という概念ですべての戦闘行動を律している」というのです。そして、米空軍による対処行動では、「1　敵性機（ソ連機）と遭遇した場合、相手が上空に位置するなど敵性行動を取る場合、これに攻撃（先制攻撃を含む）を加え、撃墜する義務がある」こと、「2　場合によっては、相手方領域内に入ってもよい」とされていたというのです（傍点は引用者）。

松前・バーンズ協定では、「防空に関する態勢及び防空警報のおくれが、日本の防空を危うくするような場合には一方的な処置を行った後、調整を行うことができる」とされています。ということは、日本側が警察行動にとどまる場合であっても、アメリカ側が一方的に「先制攻撃」をしたり、「相手側領域内」に侵入する可能性もあったということです。調整するのは、そのあとになってからということです。両軍の一体性はそれほど危険な側面を持っていたのであり、領空侵犯への対処をアメリカが手伝ってくれるからといって喜べる話ではなかったのです。

つけ加えて言えば、この外務省極秘メモには、防衛庁（当時）のメモも添付されていました。防衛庁の側は、在日米空軍が一九六五年七月以降、領空侵犯に備えた警戒待機をとりやめているとして、松前・バーンズ協定の廃止を要求したそうなのです。ところが外務省は、米側を通じて極東情勢を得るためなどとして廃止を拒否したというのです。この結果、同協定は現時点でも有効とされています。

源田証言——空自の任務は米軍基地の防衛

判決の「自衛隊の対米軍関係」のうち、半分を占めるのは、源田実氏の証言そのものです。それだけ裁判官に深い印象を残したのでしょう。

原告団の弁護人である内藤功氏は、鹿島研究所が出版した『日本の安全保障』（日本国際問題研究所・鹿島研究所編、一九六四年）のなかに源田氏の講演記録が載っているとして、それを証拠として提出し、源田氏を前にして裁判で読み上げます。そこには以下のようなことが書かれていました（引用は判決文より）。

「これ（アメリカのこと——引用者）は防御だけはやつてないのです。日本の自衛隊みたいに防御だけということは絶対ない。もとより防御も少しやります。しかしこの大部分というのは全部攻撃なのです。……これが防御の戦争で、局地戦だから攻撃はやらないといつて、そのまま待つておつたら自滅するだけだ」

「そこで全面戦（全面核戦争のこと——引用者）というものが起きた場合に、日本が果たす役割というもの、……第一、この（中略）日本列島というものが持つている、ここに展開された（自衛隊の——引用者）航空基地なりレーダー網なり、あるいは海上基地なり、こういうものはアメリカ軍が反撃し攻撃する場合には、これを誘導するために実に大きな役割を持つております。自衛隊そのものが持つている兵力というものが、もしこれをもつて東京とか大阪とか、あるいは北九州とか、ああいう工業都市などを守ろうとするならば、航空自衛隊の持つている力などというものは微々たるものであつて、これによつてほとんど守りうるものではない」

「そこで問題は今の日本の航空自衛隊というものが、何を目標として訓練をし、何をやるべきかというと……（中略）アメリカの反撃力が飛立つている基地を守る。日本がもし反撃をやるならば、日本の反撃力を守るように、そういう具合にこれを配置すべきである」

「こういう形において全面戦の場合に日本の空軍というものは役割を果すべきである。その次に考えられるのは国土の防衛でありますが、これは、はるかにそれに付随したものとして出るわけであります」（傍点は引用者）

源田証言――法廷でも同じ内容を発言する

引用はさらに続きます。

「その次に日本自体が非常に前進した位置にあります。これは全面戦争が始まった場合に一応、勝敗は、だいたい片はそれでつくけれども、その後の、やはり陸上戦闘ということで追撃しなければならぬ。城下の誓い（降伏文書に調印させること――引用者）をさせるということが、最後にどうしても起ってくる。そういう場合に、前進基地としての役割を果すことになる」

「それから日本だけではありませんが沖縄、台湾、フィリピン……こういう列島線というものは太平洋を把握するための潜水艦なり飛行機に対する監視、防御、こういうことに対する実に大きな役割をいたします」

「また、同じく海上自衛隊がやるべきですが、列島線の内側、要するに日本海とか黄海とか東シナ海とか、こういう面の制海権の確保あるいは制空権の確保、これは単に海上ばかりでなく空軍も入るわけです。それから日本の近海の潜水艦、これを掃討するというような問題がここに日本の役割として出てきます」

「そういう役割をするのは今の自衛隊の力をもつてある程度可能であると考えます。要するに主攻撃力、これはアメリカの反撃力そのものを、最も有効に働かせるように日本が協力する。これが今の航空自衛隊の現装備、現兵力、現在の思想をもつてやりうる最大限のことである」（傍点は引用者）

内藤氏は、これらを引用した上で、源田氏に尋ねます。

内藤「この考え方は大体、現在でも……」

源田「これは、どういう意味であるかというと最初申し上げたように、防空というもの、防御だけでこれを完全にやるなんてことは非常に困難です。まず、ほとんどできないと言つていい。やつぱり、こういうものを完全に近くやろうとすれば、攻撃と防御が、併用されなければならない。

そのことが、すなわち、その国全体の安全を守るのに一番いい方法であると考えてる。従つて日本は反撃はやらないことになつてるんだから反撃をやろうとすれば米軍なんですね。

そうすれば米軍の基地及び、ここに、ちよつと落としておりますが、日本の要撃する戦闘機の基地、あるいはレーダーサイト、こういうものをまず最初は守る。これが兵術的ないわゆる基本的な原則になると思うんです」

「戦力」である上に目的が防衛でないことを論証

源田発言からの引用は以上です。源田氏は著作と同じ内容を法廷でも主張したのです。内藤氏をはじめ弁護団は、なぜこれほどまでに自衛隊の対米従属性を論証しようとしたのか。弁護団の最終準備書面は、「本件長沼ミサイル基地設置計画の違憲性」を論じた「結び」のところで、それを明らかにします。

「自衛隊の米軍との関係、装備、訓練の実態。自衛隊は、日米安保条約、MSA協定、その他諸条約、協定、交換公文、合意議事録等によって米軍の極東戦略の一環に位置づけられている」

「自衛隊が共同作戦を予定している米軍の極東戦略の本質はベトナム戦争においてみられるように、（中略）民族解放運動に対する侵略と干渉を目的とし、（中略）その使用する兵器、戦術、戦法において大量殺りくを特徴とする残虐なものである。故にこのような米軍の本質が変らない限り、これと共同作戦を行う役割をもつ自衛隊は、米軍の不法かつ残虐な対外侵略行動の共犯者たる性格を帯有することとなり、そのような自衛隊の保持は憲法をどのように解釈しようともその違憲性は明白である」

日本政府は裁判で、自衛隊を日本防衛のために必要な最小限度のものであり、したがって「戦力」ではないと主張していました。これに対して弁護団は、自衛隊が単に「戦力」であるだけでなく、目的も日本防衛のためではないと反論したわけです。この両面を論証することが大事だと考えたということです。

実際、日本から目と鼻の先でアメリカがベトナム戦争を行っており、日本は米軍の兵站《へいたん》基地の役割を果たしていました。もしベトナムに在日米軍基地まで反撃する能力があれば、源田氏が描いたように自衛隊が米軍基地を防衛する行動をとることは理論的にはあり得たのであり、絵空事ではありませんでした。そういう性格のものが「自衛力」かと問われれば、肯定する人は多くはなかったでしょう。自衛力ですらないことを証明することにより、違憲判決をめざしたということです。

裁判長の決断を後押しした

一方、源田氏の頭のなかにあるのは、侵略か自衛かいう事態とはレベルの違うことのように思えます。米ソが全面戦（世界的規模での核戦争）を行うときに、日本の自衛隊は何をすべきかということです。ソ連軍が米軍の攻撃能力を奪うため在日米軍基地を攻撃することを想定し、あるいは逆に在日米軍がソ連を攻撃することを想定し、自衛隊は米軍基地を守ることを第一義的な任務にすべきだということです。

源田氏にとっては、アメリカと日本（それ以外に名前の出ている台湾やフィリピンも）は国益を共有しているのです。悪のソ連に対して自由世界は共同で防衛しなければならない。米ソがどこかで戦争をはじめたら、それはただちに世界規模の戦争になり、日本を含む極東でも戦争が開始される。アメリカへの攻撃は日本への攻撃と同じなのであって、その際に日本を守るためには、何よりも在日米軍基地を守らなければならないという論理なのです。アメリカを守ることが日本を守ることであり、日本の都市を守ることを第一義にすることは、軍事的（兵術的）には合理性がないということなのです。

この考え方は、おそらく当時、少なくない人が共有していたのでしょう。しかし同時に、日本の防衛と言えば、どこかの国が日本を武力攻撃してくる事態だと考えてきた人にとっては、源田氏の想定を日本の防衛だと言い切るには、かなりの躊躇があったのではないでしょうか。ソ連が在日米軍基地を攻撃してくるといっても、米ソのグローバルな戦争が日本と関係なく開始され、それに日本が巻き込まれるということですから。

第一審の裁判長を務めた福島重雄氏は、信念の人でした。自衛隊の任務が日本の防衛ではないという論証がなくても、違憲判決を下したのだと思います。しかし、判決の論理構成のなかで、源田氏の証言を含め「自衛隊の対米軍関係」を重視していることは、自衛隊が「戦力」であるだけでなく「日本の防衛」に専念しているわけでもないという事実が、裁判長が違憲判決を下す上で一つの重要な確信を与えたと言えるのではないでしょうか。

3　国民の生命を守るのは憲法違反か

九条を守ることと国民の命を守ることは矛盾する

憲法九条と自衛隊の関係をどう捉えるのか。それはやっかいな問題であり、護憲派と改憲派の双方を悩ましてきました（悩まない人もいたでしょうが）。

両者は明らかに矛盾します。外敵と戦う実力を持つ自衛隊は、憲法九条の視点から捉えている限り、どんなに必要最小限度のものであれ違憲ということにならざるを得ません。

しかし、何がやっかいかと言えば、国民の生命を守るという課題を考えると、憲法九条で自衛隊を否定していることが障害になるからです。九条というものは、生命の崇高さを尊ぶが故の理想でありながら、同時に、その崇高な生命を守るという視点で見ると現実には大きな問題を抱えているということです。「軍隊がないほうが攻められない」という理想主義の立場が存在することは否定しませんが、現実の世界では通用していません。少なくともその理想への共感が多数に広がって、現実の政策として採用されることはありません。個人の信念としては意味があっても、それを国の政策とし、国民全体に強要することはできないのです。

その結果、憲法九条を守ることと国民の生命を守ることが矛盾するという事態に、私たちは直面します。その矛盾をどう解消するかが、戦後日本の宿痾《しゅくあ》のようなものでした。

戦後の世界が、アメリカを中心とする資本主義・自由主義の陣営と、ソ連を中心とする社会主義陣営に分断されるなかで、日本政治の主流は前者の側を選択します。この立場に立てば、ソ連の脅威は自由主義に属する日本と日本国民の生命を危うくするものだということになり、必要最小限度の自衛力は合憲だとして政府は解釈改憲に舵《かじ》を切ることになりました。立場が異なる人から見れば許されないことだったかもしれませんが、その立場に立つものから見ると、国民の生命を守るための責任ある決断だったということでしょう。国民の多数が保守政治を選んできたのも、それをよしとしたからです。

護憲派が矛盾から抜け出すのは容易ではない

一方、自衛隊違憲論に立つ護憲派（合憲論の護憲派のほうが現在では多いように思いますが、以下、この意味で「護憲派」という用語を使うことがあります）は、この問題での解答をまだ手にしていないように思われます。最高法規である憲法に違反するという判断は重いものであるが故に、国民の生命を守るためであれ、自衛隊を運用するという決断をすることは簡単ではなく、決断した場合も、踏み込んだ検討ができないできたからです。

憲法成立直後、その成立にかかわった憲法学者の宮沢俊義氏が、九条は常備軍を否定しているが、侵略された際に「臨時の戦力」をつくって反撃することまでは憲法に反しないという学説を提示しました。侵略された際に国民の生命を守るためにどうするのかという回答がないのでは、憲法学の常識からも説明がつかないという趣旨だったように思います。しかし、侵略される段になってから他国の軍隊に反撃するだけの能力をつくりあげるというのでは、あまりに現実離れしていることもあり、政治の世界では相手にされず、憲法学会からも忘れ去られることになります。

九条を守ることと国民の生命を守ることとの矛盾から抜け出すのは容易ではないのです。ただし、本論で紹介した二つの憲法裁判の経験は、この問題にヒントを与えているように感じます。

国民の命を守ることと侵略に加担することは性格が異なる

長沼訴訟の第一審判決は、自衛隊を憲法九条に違反すると明言しています。国民の生命を守るためであっても自衛隊は九条に違反するという判断をしたことに疑いありません。

しかし、くり返しになりますが、違憲訴訟を提起した原告団・弁護団が主な論点としたのは、自衛隊が国民の生命を守るためのものになっていないということでした。当時、アメリカがベトナムを侵略していたことを背景に、自衛隊がそうした侵略に加担させられる危険を立証し、そのような自衛隊が合憲であることはあり得ないと主張したのです。裁判所も、そういう種類の訴えであることを自覚し、判決を下したわけです。

二一世紀になって提起された自衛隊イラク派兵差止訴訟では、これもくり返しになりますが、裁判の性格からして当然のこととはいえ、自衛隊そのものの違憲性は論点にもなりませんでした。原告団・弁護団が立証しようとしたのは、アメリカがイラクで多数の民間人を殺傷しており、自衛隊による後方支援はそれを助けるものであるということでした。そして名古屋高裁は、武装殺戮の加害者になることは憲法に違反するということでした。

した米兵を航空自衛隊が空輸する活動に限って、違憲判決を下したのです。

同じ自衛隊の行為であっても、日本国民の生命を守るという活動と、海外で侵略に加担し他国民の命を奪うという活動と、その両者はまったく性格の異なる活動です。違憲訴訟の原告団・弁護団であれ、裁判官であれ、あるいは一般国民にとってであれ、その違いは常識に属することであって、憲法判断以前の問題です。

国民の命を守るための自衛隊の行動は違憲か

仮定の話をすることをお許しください。実際に日本が侵略されることがあったとして、自衛隊が侵略を排除するために行動するとします。その自衛隊の行動を「憲法違反だ」と叫び、裁判に訴えるような護憲派は、皆無ではないでしょうが、ごくごく少数にとどまるものと思われます。しかも、実際にそんな裁判を提起する護憲派は、少数にとどまるどころか、ただちに壊滅に向かうことでしょう。

違憲判決が下されることも考えられません。国民の生命を守るための活動が憲法に違反するという判断など、いったいどの条項を根拠に判断できるのでしょうか。

要するに、たとえ九条の観点から自衛隊を違憲だとみなすにしても、実際に目の前に存在する自衛隊が国民の生命を守るための活動をすることまで違憲だとは言えないのではないかということです。それどころか、護憲派には怒られるかもしれませんが、自衛隊は立派に憲法を守って活動しているということになるでしょう。

日本が武力で攻撃されるということは、国民の生命と人権が脅かされるということです。憲法第一三条は、「生命、自由及び幸福追求に対する国民の権利については、（中略）立法その他の国政の上で、最大の尊重を必要とする」としています。護憲派が大事にする立憲主義によれば、国家は、その国民の権利を守る義務があります。国家が日本に対する武力攻撃を黙認し、自衛隊を運用せず、国民の権利が侵害されるのを放置すれば、そちらこそ憲法違反だということにならないでしょうか。

憲法の具体的な条項を持ち出すまでもありません。武力攻撃が広がり、日本が占領されるような事態になれば、九条を含む憲法そのものが危機にさらされます。七二年前に占領され、占領下で新しい憲法の誕生を経験した日本の国民は、侵略と占領とはそういうことだと自覚できるはずです。九条を守って自衛隊を出動させないことが、日本国憲法とそのなかでも大事な九条を破壊することになるとしたら、これこそ最大の矛盾です。

専守防衛の思想は長沼訴訟の判決を通じて確定した

長沼訴訟の第一審判決は、自衛隊を維持しようとすれば、日本防衛に徹する自衛隊というイメージをつくりあげる必要があることを、日本政府に自覚させました。そして、少なくともこれまではそれに成功してきました。

たとえば「専守防衛」です。すでに論じたことですが、二〇一四年七月一日の安倍内閣による閣議決定で集団的自衛権の一部が容認されるまで、専守防衛は次のように定義されてきました。

「相手から武力攻撃を受けたときにはじめて防衛力を行使し、その態様も自衛のための必要最小限にとどめ、また、保持する防衛力も自衛のための必要最小限のものに限るなど、憲法の精神に則った受動的な防衛戦略の姿勢をいう」

専守防衛という言葉が最初に政府から使われたのは、一九五五年のことです。一九五四年に発足した自衛隊が戦力を整備するにあたり、どこまでの戦力を持てるのかが問題になり、杉原荒太防衛庁長官が「よその国に対する攻撃的な侵略的な空軍を持つとかそういうことじゃないのですから、もっぱら日本の国を守るということになる。つまりもっぱらの専守防衛という考え方でいくわけであります」と答弁することになりました（七月一三日、衆議院外務委員会）。

戦力を持てないという憲法九条のもとで戦力を持つわけですから、何らかの歯止めが必要だと考えられたのでしょう。しかし当時、専守防衛は定義されたわけでもなく、かつその後、国会の議論からなくなってしまいます。何もなければ、いまでは誰もが自然に受け入れている専守防衛という考え方は、姿を消したままだったのかもしれないのです。

再び専守防衛という言葉が使われるようになるのは、長沼訴訟が開始された一九六九年夏以降のことです。とりわけ、一九七〇年一月に防衛庁長官に就任した中曽根康弘氏が在任中に三三回もこの言葉を使い、日本初の『防衛白書』（一九七〇年一〇月）にも登場したということです。「相手から武力攻撃を受けたとき初めて防衛力を行使」するという専守防衛の核心が言葉として使われたのは、ようやく一九八一年の『防衛白書』によってなのです（等雄一郎「専守防衛論議の現段階」『レファレンス』国立国会図書館、二〇〇六年五月号）。

長沼訴訟の判決が専守防衛の自衛隊を形づくった!?

さらに、専守防衛を具体化し、いわゆる「平和時における防衛力の限界」を示したとされる「基盤的防衛力構想」が閣議決定で確立したのも、長沼訴訟の第一審判決後の一九七六年のことでした。長沼訴訟で原告団・弁護団は、必要最小限度の自衛力は合憲だという政府の主張に対して、相手の「脅威」次第で自衛力の規模が変動するのでは「必要最小限度」の意味がないと批判を加えていました。実際、脅威に対応して防衛力を整備するという当時の「所用防衛力」の考え方のもとで、一九六二年以降五年間の「第二次防衛力整備計画」(二次防)では一兆一六三五億円だった防衛費が、三次防(一九六七年―一九七一年)で二兆三四〇〇億円、四次防(一九七二年―一九七六年)で四兆六三〇〇億円と倍々ゲームでふくれあがり、国民世論の不安も高まっていました。

基盤的防衛力構想は、「脅威対抗型」から「自己抑制型」への転換と評価されましたが、脅威認識と無縁だったわけではありません。この構想を詳しく説明した『防衛白書』(一九七七年版)も、「防衛力の本質は、古今東西を問わず、外部からの脅威に対し備えることにある。その意味において、脅威を無視した防衛は考えられない」と述べています。しかし、この構想は、一九九二年版の『防衛白書』が、その意義を「わが国に対する軍事的脅威に直接対抗するよりも、みずからが力の空白となってこの地域における不安定要因とならないよう、独立国としての必要最小限の基盤的な防衛力を保持するという考え方である」と説明したように、脅威対抗型から距離を置こうとする意図を持ったものでした。「防衛力の規模が過大になって、周辺諸国に不信の念と緊張感を抱かせるようになることは好ましくない」（一九七六年版『防衛白書』）というような考え方に立脚していました。

もちろん、この構想は、アメリカの核抑止力に依存することと一体のものであって、そのアメリカは「世界の警察官」として違法な軍事行動をすることがありました。一九七八年の「日米防衛協力のための指針」（旧ガイドライン）で日米共同作戦が具体化され、日米の軍事一体化が進みましたから、日本の対応次第では、自衛隊がアメリカの違法な軍事行動に加担する危険はつきまとっていたのです。

けれども、二〇世紀の間は、自衛隊の海外派遣はＰＫＯの枠内にとどまり、アメリカの戦争に海外で協力することはありませんでした。その結果、国民の目からすると、自衛隊は専守防衛に徹する部隊に見えていたわけです。

専守防衛が変質する時代のなかで

二一世紀になって、専守防衛の自衛隊が変質しつつあります。二〇〇三年のイラク戦争とそれに伴う自衛隊派遣は、それを象徴する出来事でした。

専守防衛の具体化だった基盤的防衛力構想も消え去りました。二〇一〇年、民主党の菅《かん》内閣が決定した「防衛大綱」は、基盤的防衛力の考え方を取りやめ、新たに「動的防衛力」を整備すると打ち出しました。自民党の麻生《あそう》内閣時代に検討が開始されたものを踏襲したとはいえ、民主党が自民党と変わらない防衛政策しか持っていないことを露呈した出来事でした。

「専守防衛」という言葉も、国民世論を気にして政府はなお使ってはいますが、中身は大幅に変わりました。「相手から武力攻撃を受けたときにはじめて防衛力を行使」するという、いわば専守防衛の中心概念は、アメリカが武力攻撃を受けたときも防衛力を行使すると変化したのだから当然です。

政府自民党が専守防衛から足抜けし、改憲へ、集団的自衛権の全面行使へと向かおうとしている現在、護憲派に求められるのは、イラク戦争がつくり出した専守防衛派と非武装中立派の協力をさらに発展させることです。

レベルの異なる共闘に求められること

これまでの共闘は、自衛隊の海外派兵を阻止することでしたから、自衛隊そのものが合憲か違憲かの違いを脇において進めることができました。しかし、いま求められている共闘は、それとはレベルの異なるものです。集団的自衛権の閣議決定を撤回させようと思えば、そのための政府を樹立しなければなりません。あるいは、周辺諸国との間で安定的な平和の関係を確立しようと思えば、やはりその課題に取り組む政府が求められます。

政府構想で協力する場合、自衛隊の廃止で一致するのでない限り、自衛隊の存在を前提としたものとなります。ところが、自衛隊違憲論のままでは、専守防衛の枠内ではあれ自衛隊の運用に賛成することはできません。非武装中立の護憲派に求められるのは、そこでの決断です。いまさら信念である自衛隊違憲論を変えよとまでは言いません（変えても構いませんが)。しかし、国民の生命を守るための活動、生命の尊重義務を国家に課している憲法そのものの存立に必要な活動は、自衛隊が担うのであれ別の誰が担うのであれ、等しく合憲とみなす程度のことは必要でしょう。

政権を担う政党の場合、それにとどまらない決断が求められます。国民の生命と国家・憲法の存立を守るために必要な間、自衛隊は憲法に合致しているという判断が必要です(政権をめざさないなら不要ですが)。入閣すれば政府としては合憲判断するという程度では、野党にいる間、専守防衛の自衛隊をどう運用するかの検討さえできません。武器を持った自衛隊を海外派兵することについては、堂々と憲法違反だと主張すればいいのです。そして、国民の生命のために自衛隊が不要となる時代が来れば、九条にしたがって違憲という判断をすればいいのです。

おわりに

本書のような内容のものを書きたいと思ったのは、いまから一年ほど前のことです。ただし、本気になって執筆を開始したのは、安倍首相が加憲案を打ち出した二〇一七年五月三日でした。その報道を聞いて、「やっぱりこれで来たか」と思いました。公明党が加憲を主張しはじめた十数年前から、もし九条改憲が国民的な支持を得るとしたら、このような案以外には考えられないと感じてきたからです。

それでも、執筆に本気になったのは、改憲されることそれ自体への危機感からではありません。加憲案に対する護憲派の反応が気になったからです。誰が見ても、安倍首相の案は、戦力不保持や交戦権の否認を規定した九条二項を削除して国防軍を設けるという自民党本来の改憲案と比べて、かなり穏やかなものです。ところが、護憲派の多くは、自民党案とまるで変わらない最悪の案であるかのように加憲案を批判していました。「この案だと国民の共感を得るかもしれない」という危機感の裏返しでもあるのでしょうが、最悪の案であることを証明するために、あれこれの論拠を無理して持ち出していると思えるものもありました。日本会議のメンバーが直前に安倍首相の案に近いものを公表したことを捉え、「日本会議が主導した案だ」として問題にする人もいましたが、それが通用するのは、日本会議をおどろおどろしいものと描いて疑わない人びとのなかだけのことでしょう。しかも、日本会議の田久保忠衛会長などは安倍首相の案をきびしく批判しており、事実とも異なります。私にとっては、日本会議が改憲を実現するために二項を廃止するという目標を取り下げる決断力があり、そこで結束する団結力があるとしたら、それこそ「敵ながらあっぱれ」に見えます。護憲派もそれに学んで、従来型のアプローチにメスを入れることが求められると思います。

加憲案に日本の将来を危うくするという要素があることは事実です。本文で私もそう書いています。しかし、護憲派がどんなに説得力のある批判を展開したとしても、結論として「自衛隊は絶対に憲法に明記してはならない」という姿勢が示されるわけです。自衛隊を明記しようという加憲案と明記を許さないという護憲派の対応を並べて見れば、改憲派と護憲派の争いの焦点は、自衛隊を認めるかどうかにあると国民の目に映ることは必定です。そうなってしまえば、圧倒的多数は自衛隊に共感を持っている世論の現状において、護憲派は見放されるのではないかと感じたのです。だから、別の論点を提示しなければならないと、痛切に思ったのです。

本書で提示したことは、護憲派には評判が良くないでしょう（改憲派からも評価されないでしょうが）。誤解を怖れずに本書の内容を一言で象徴的に表現するとすれば、加憲案は四五点だけれど、護憲のままでも五五点程度だよねということです。護憲を選ぼうと訴える場合、一〇〇点に近づけるためには、護憲によって残される矛盾を解決するため、これまで想像もしなかったような覚悟と努力が求められるということです。その覚悟は護憲派が持たなければならないということです。

加憲案を零点かマイナス点だと批判し、九条をピュアに一〇〇点満点のものとして描くのが、これまでの護憲派のやり方です。しかし、護憲派とはすべてがそういう人たちだと捉えられては、護憲の主張が広がることはないと思います。改憲か護憲かの帰趨を決めるのは、圧倒的多数の中間層だからです。加憲案にも護憲の立場にも、それぞれ問題もあればいいところもあると感じている人びとだからです。改憲には漠然とした不安を感じるけれども、自衛隊を否定的に捉える論調にも同調できない人びとだからです。そういう人びとを相手にして、地に足のついた改憲・護憲論を提示したかったのです。加憲案が支持されるとすれば、その国民世論に正面から応えた案だからです。改憲国民投票が現実のものとなる時代に、護憲派にも「九条と自衛隊の共存」をどう実現していくのか、真剣な探究と世論への提示が求められるのではないでしょうか。本書が、そういう護憲派による努力の一環として、多少でも役割を果たすことができれば幸いです。

「九条と自衛隊の共存」。本文で書きましたが、国民世論の現状はそこにあります。

本書の着想に至るまでは、私を講演会に呼んでくださった護憲派の方々はもちろん、著名な改憲派との討論会を組織してくれた方々など、多くの方々との議論がありました。また、集英社新書編集部の伊藤直樹氏は、このような一風変わった著作を面白いと受けとめ、内部に異論はあったと察しますが、刊行にまでこぎ着けてくださいました。それぞれ感謝します。ありがとうございました。

松竹伸幸（まつたけ のぶゆき）

一九五五年長崎県生まれ。ジャーナリスト・編集者、日本平和学会会員、自衛隊を活かす会（代表・柳澤協二）事務局長。専門は外交・安全保障。一橋大学社会学部卒業。『9条が世界を変える』『「日本会議」史観の乗り越え方』（かもがわ出版）、『反戦の世界史』『「基地国家・日本」の形成と展開』（新日本出版社）、『憲法九条の軍事戦略』『集団的自衛権の深層』『対米従属の謎』（平凡社新書）など著作多数。

集英社新書〇九一四A

改《かい》憲《けん》的《てき》護《ご》憲《けん》論《ろん》

二〇一七年一二月二〇日 第一刷発行

著者……松竹《まつたけ》伸幸《のぶゆき》

発行者……茨木政彦

発行所……株式会社集英社

東京都千代田区一ツ橋二-五-一〇 郵便番号一〇一-八〇五〇

電話 〇三-三二三〇-六三九一（編集部）
〇三-三二三〇-六〇八〇（読者係）
〇三-三二三〇-六三九三（販売部）書店専用

装幀……原 研哉

印刷所……凸版印刷株式会社

製本所……加藤製本株式会社

定価はカバーに表示してあります。

ISBN978-4-08-721014-9 C0231

Printed in Japan